Buch

Der Tod ist nicht das Ende, sondern das Tor zu ewigem Leben. Eines Tages werden wir in unserem himmlischen Zuhause mit unseren Liebsten wieder vereint sein. So lautet die tröstliche Botschaft, die James Van Praagh, das berühmte amerikanische Medium, auch in seinem neuen Buch verkündet. Jeder kann diese Botschaft empfangen. Denn die Antworten auf all die Fragen, woher wir kommen und wohin wir gehen, liegen in unserer Seele. Sie beherbergt die Weisheit des Unendlichen und unser gesamtes spirituelles Erbe. Van Praagh ermutigt uns, das Göttliche in uns zu entdecken und uns unserer Seele bewusst zu werden. Er beschreibt Übungen und Meditationen, die uns befähigen, das Tor zur Unendlichkeit aufzustoßen und die Verbindung mit dem Jenseits, aus dem wir kommen, herzustellen. Erfahrungen aus seiner Tätigkeit als Berater Hilfe suchender Menschen offenbaren, wie der Kontakt mit den Verstorbenen helfen kann, uns von Schuldgefühlen und Selbstvorwürfen zu befreien und inneren Frieden zu erlangen.

Autor

James Van Praagh ist das bekannteste Medium der USA und berühmt dafür, Botschaften und Gespräche zwischen den »Welten« zu vermitteln. Er hält Vorträge, Vorführungen und Workshops ab, in denen er sein Wissen über das Leben nach dem Tod demonstriert.

Von James Van Praagh ist bei Goldmann bereits erschienen:
Und der Himmel tat sich auf. Jenseitsbotschaften (21569)

JAMES VAN PRAAGH

JENSEITS-WELTEN

Erkenntnisse über
das Leben nach dem Tode

Aus dem Amerikanischen
von Ulla Rahn-Huber

Die amerikanische Originalausgabe
erschien unter dem Titel »Reaching to Heaven«

Umwelthinweis:
Alle bedruckten Materialien dieses Taschenbuches
sind chlorfrei und umweltschonend.
Das Papier enthält Recycling-Anteile.

Deutsche Erstausgabe November 2002
© 2002 der deutschsprachigen Ausgabe
Wilhelm Goldmann Verlag, München
in der Verlagsgruppe Random House GmbH
©1999 Spiritual Horizons, Inc.
Published by arrangement with Dutton,
a member of Penguin Putnam Inc.
Umschlaggestaltung: Design Team München
Umschlagfoto: Zefa/Allofs
Satz/DTP: Martin Strohkendl, München
Druck: Elsnerdruck, Berlin
Verlagsnummer: 21624
Redaktion: Irina Mamula
WL · Herstellung: WM
Made in Germany
www.goldmann-verlag.de
ISBN 3-442-21624-9

1. Auflage

*Für Regina, meine Mutter
Deren Augen mir die Schönheit
des Himmels gezeigt haben;
Deren Worte mich die Sprache der Engel
gelehrt haben;
Deren Lieder sich mit dem Klang
der himmlischen Chöre vereint haben;
Und deren Liebe mich dem Antlitz Gottes
näher gebracht hat.*

Inhalt

Vorwort 9

Teil I: Die Reise...................... 13
  1. Am Anfang...................... 15
  2. Den Geist wachrufen 23
  3. Wer sind wir?.................... 34
  4. Tod – der Heimweg 52
  5. Die geistigen Welten............... 68
  6. Der sich entfaltende Geist........... 89
  7. Rückkehr zur Erde 103

Teil II: Der Geist spricht............... 119
  8. Erwartungen 123
  9. Schuld 143
  10. Angst 161
  11. Vergebung...................... 177
  12. Liebe 195

Teil III: Das Erwachen................ 211
  13. Erinnerung an unser wahres Selbst .. 213
  14. Wie wir unsere Kinder führen 225
  15. Schlüssel zum höheren Leben 234

Danksagung.......................... 243
Literaturhinweise 247
Kontaktadresse 249

Vorwort

> Dies werde ich mit einem Seufzer erzählen,
> Dereinst nach vielen, vielen Jahren:
> Zwei Wege verzweigten sich im Wald, und ich –
> Ich nahm den seltener beschrittenen,
> Und das war das Entscheidende.
>
> ROBERT FROST,
> *The Road Not Taken*
> (»*Der nicht eingeschlagene Weg*«)

Ich begann meine spirituelle Reise in den frühen achtziger Jahren und hatte damals keinerlei Vorstellung davon, was ich lernen würde oder mit dem neu Entdeckten und Wahrgenommenen in meinem Alltag anfangen sollte. Weder hatte ich vor, nach Los Angeles umzuziehen, noch hauptberufliches Medium zu werden. Aber als sich die Pforte zu den spirituellen Welten weit öffnete und ich hindurchtrat, verstand ich, dass mich das Universum zur Erfüllung meines Schicksals berufen hatte. Schon bald begriff ich, dass ich meine mediale Begabung in den Dienst anderer stellen sollte. Die Erkenntnis, dass wir bei unserem Tod die Früchte unserer irdischen Gedanken und Taten ernten werden, barg das Potenzial, das Leben vieler Menschen für immer zu ändern. Als mir dies klar wurde, wuchs in mir der Entschluss, durch die Weitergabe des mir zuteil gewordenen Wissens um eine höhere geistige Existenzebene die Kluft zwischen der physischen und spirituellen Welt zu schließen. Wenn die Menschen nur von den Wesen aus dem Jenseits lernen und einander während ihrer irdischen Existenz mit Würde und Respekt behandeln würden, so war meine Überzeugung, dann könnten sie ihr Herz für das Gute öffnen, und der Welt bliebe unendliches Leid erspart.

Natürlich bin ich nicht der Erste, der sich einer solchen Aufgabe verschreibt. Viele sind mir vorangegangen, und es werden noch viele folgen. Ich würdige jeden einzelnen dieser Pioniere. Manchmal bedarf es großer Opfer, um den Mut aufzubringen, gegen die verkrusteten Glaubensstrukturen einer Gesellschaft anzugehen und Vorstellungen zu vertreten, die die anerkannten wissenschaftlichen, religiösen und politischen Werte in Frage stellen. Ich für meinen Teil bin in meiner Arbeit reich beschenkt worden, weil die Fähigkeit andere zu heilen und ihren Geist für höhere Wahrheiten zu öffnen, mehr wert ist als alles, was ich dafür auf meinem Weg hingeben musste. Ich bin der tiefen Überzeugung, dass sich in dem Maße, wie sich jeder Einzelne von uns seiner geistigen Herkunft besinnt, unsere von Vorurteil und Unachtsamkeit geprägten Haltungen in Liebe und gegenseitigen Respekt verwandeln werden. Anstatt einander zu bekämpfen, können wir uns – in dem Wissen, dass wir als spirituelle Geschöpfe eine gemeinsame physische Erfahrung durchleben – über unsere Unterschiedlichkeit freuen.

Erleuchtung kann weder durch das Schwingen eines Zauberstabs noch durch das Besuchen von Lehrgängen oder das Lesen von Büchern erlangt werden. Sie lässt sich weder planen noch vorausbestimmen. Jede Seele findet zu ihrer Zeit und auf ihre ureigene Weise zu ihrer ganz persönlichen Wahrheit. Seelisches Wachstum kann nicht erzwungen werden, doch wie eine Pflanze mit Dünger und Pflege zum Blühen und Gedeihen gebracht werden kann, können wir auch unser geistiges Selbst durch stetige Zuwendung nähren und entfalten.

Wie die Morgendämmerung die Welt in eine Palette von Farben taucht und den neuen Tag mit einzigartiger Frische begrüßt, so können auch wir jedem Tag mit reinem Herzen begegnen. Jeder neue Morgen birgt für uns die Möglichkeit, zu streben, zu entdecken, zu wachsen, zu lernen und zu dienen. An jedem Tag haben wir die Chance, unser Verständnis von anderen Geschöpfen und neuen Ideen zu erweitern und die unterschiedlichsten Situationen und Ereignisse neu einschätzen zu lernen. Während wir bewusst an diesen reichen Erfahrungen teilhaben – seien sie nun erfreulich oder belastend –, gewinnen wir im Laufe vieler Lebenszyklen an Weitblick, so dass wir zunehmend Licht ins Dunkel der Vergangenheit bringen und eine Ahnung von der Zukunft erlangen können. Jeder neue Morgen bringt uns ein kleines Stück näher zur Verinnerlichung unserer eigenen Göttlichkeit.

Dieses Buch ist ein Nachfolgeband zu meinem ersten Werk *Talking to Heaven (Jenseitsbotschaften)*, nach dessen Veröffentlichung ich oft im Fernsehen auftrat und mit Anfragen nach Informationen über die geistige Welt geradezu überschüttet wurde. Da ich keine Einzelsitzungen oder -beratungen mehr durchführe, habe ich dieses Buch als eine Art Handwerkszeug für den allgemeinen Gebrauch konzipiert. Es richtet sich an Menschen, die sich schon auf dem spirituellen Weg befinden, ebenso wie an jene, denen dieses Gedankengut noch völlig unbekannt ist. Ersteren wird es wertvolle Impulse und Gedächtnishilfen geben; letzteren wird es – so hoffe ich – helfen, sich verstandes- und gefühlsmäßig für die Möglichkeit des ewigen Lebens zu öffnen, so wie es sich uns dank der tiefen Einsichten und von Liebe getragenen Botschaften der jenseitigen Wesen darstellt.

Heute bricht ein neuer Tag an, und der nächste Schritt auf einer Reise nach innen zu Ihrer ewigen Seele steht bevor. In der Seele – tief in Ihrem Inneren – liegt eine ganz neue Welt voll Heilung und Hoffnung, Vertrautheit und Wahrheit. Um sie zu erreichen, müssen Sie dem seltener beschrittenen Weg folgen: jenem Weg, der Sie zu sich selbst, zu Unabhängigkeit und innerer Kraft führt – zu Ihrer ganz persönlichen Großartigkeit. Mit jedem Schritt, den Sie auf diesem Pfad voranschreiten, kommen Sie dem Himmel ein wenig näher.

Teil I

Die Reise

1
Am Anfang

Doch oh, das Schiff, das unsterbliche Schiff!
Oh, Schiff an Bord des Schiffes!
Schiff des Körpers, Schiff der Seele, reisend, reisend,
reisend.

WALT WHITMAN,
Aboard at a Ship's Helm
(»Am Steuer eines Schiffs«)

»Woher komme ich?« – Haben nicht auch Sie schon oft über den Sinn Ihrer Existenz nachgegrübelt? Und sind Sie dabei auf eine befriedigende Erklärung gestoßen? Über die Zeiten hinweg haben Philosophen, Wissenschaftler, Gelehrte und religiöse Lehrer versucht, eine Antwort auf die Frage nach dem Sinn des Lebens zu finden.

Im Laufe der Jahrhunderte haben Pilger Tausende von Meilen über unwegsame Gebirgspfade zurückgelegt, um von heiligen Lamas etwas über die Geheimnisse des Lebens zu erfahren. Andere haben in Galaxien oder im Labor nach den Hintergründen der Existenz geforscht. Und heutzutage suchen viele von uns in Kirchen, Synagogen und Moscheen nach einer Antwort und vertrauen darauf, dass ihnen Priester, Rabbis und Geistliche die gewünschten Einsichten bringen werden.

Und doch glaube ich, dass die Antworten in jedem Einzelnen von uns liegen – an jenem unsichtbaren, undefinierten Ort, den wir Seele nennen. Die Seele ist unser spiritueller Mittelpunkt, jener göttliche Funke, der immer in uns war, ist und sein wird. Er ist in unendlichen Äonen an jedem Winkel des Universums gewesen und hat all die Lektionen einer nimmer endenden Existenz in sich gespeichert. Er ist die Quintessenz unseres Seins.

Leider wissen nur die allerwenigsten von uns, wie sie Zugang zu dem Licht erlangen können, das so hell in uns leuchtet. Könnte es sein, dass wir etwas so Wesentliches vergessen haben? Oder sind wir in die Irre gelaufen und bewerten unsere Existenz und unseren Selbstwert auf der Grundlage einer ungesunden familiären Konditionierung und verzerrter gesellschaftlicher Werte? Um uns mit unserem wahren Selbst zu verbinden, müssen wir dem Labyrinth äußerer Erwartungen entrinnen. Wir müssen uns nach innen wenden und auf Gottes Stimme hören – eine Stimme, die, haben wir sie einmal vernommen, unserem Leben Sinn verleiht. Wir müssen unser »Seelengefühl« wieder entdecken.

Aus diesem Gedankengang heraus habe ich das vorliegende Buch als eine Art »Porträt« der Seele auf ihrer Reise durch Leben, Tod und Wiedergeburt angelegt. Im ersten Teil werde ich erläutern, was es heißt, spirituell zu sein und als Seele eine physische Existenz zu führen, und wir werden sehen, wie der menschliche Geist sich seine Erfahrungen selbst schafft. Wir werden die verschiedenen Schichtungen der Seele betrachten und uns damit auseinander setzen, auf welche Weise sich darin die Erinnerungen an all unsere Existenzen über die Zeiten hinweg eingegraben haben. Die Reise endet nicht mit dem Tod. Ich werde erklären, was beim

Sterben geschieht, wohin unsere Seele geht und welche Existenzebene wir in der geistigen Welt betreten können, denn dies richtet sich ganz nach dem Einzelnen. Mein Ziel ist es aufzuzeigen, dass der Tod etwas Schmerzloses und Natürliches ist, und dass es keinen Grund gibt, sich davor zu fürchten.

Wenn wir diese Existenz hinter uns lassen, werden wir im Jenseits von uns nahe stehenden Wesen und geistigen Führern in Empfang genommen, die uns schon auf vielen Reisen begleitet haben. In der geistigen Welt wählt jede Seele aus, welche Erfahrungen sie als Nächstes durchleben will. Sobald wir die ganze Fülle unserer Träume und Wünsche entfaltet haben und von der Freude und Inspiration der höheren Welten erfüllt sind, treffen wir den Entschluss, wieder zur Erde zurückzukehren. Bei unserer Geburt treten wir nicht mit leeren Händen in die physische Welt ein; wir bringen die in unserem Seelengedächtnis gespeicherte Weisheit der Ewigkeit mit. Und wir sind nicht allein; himmlische Geistwesen sind immer in unserer Nähe.

Die im zweiten Teil dieses Buchs enthaltenen Botschaften aus den Jenseitswelten sollen Ihnen Mut machen, sich mit jenen Persönlichkeitsanteilen zu befassen, die Sie in irdischen Illusionen gefangen halten und es Ihnen verwehren, Ihre Verbundenheit mit dem göttlichen Funken in Ihnen bewusst zu erleben. Wie Sie noch sehen werden, behindern uns emotionale Blockaden in unserem spirituellen Wachstum und erschweren uns unsere Reise durchs Leben. Beim Lesen über die Prüfungen und das Leid anderer Menschen erkennen Sie womöglich die inneren Konflikte, die Sie persönlich davon abhalten, das Leben voll und ganz anzunehmen. Vielleicht hilft Ihnen der Rat aus dem Jenseits dabei, Ihre Ängste zu bewältigen und emotionale Verletzungen heilen zu lassen.

Im letzten Teil dieses Buches finden Sie Anregungen, die Ihnen dabei helfen sollen, Ihr Leben selbst in die Hand zu nehmen. Meditationen für mehr geistige Klarheit sind darin ebenso enthalten wie Empfehlungen zur Vermittlung von spirituellen Werten an Kinder, damit diese für das Auf und Ab des Lebens gerüstet sind. Schließlich lege ich Ihnen den Schlüssel für die Pforte zu ihrem spirituellen Selbst in die Hand, damit Sie sich immer daran erinnern, wer Sie sind.

Durch die Rückverbindung mit der Seele könnten sich die Prioritäten im Leben verschieben. So wie ich werden auch Sie lernen, dass all die Antworten in uns selbst liegen und nur darauf warten, entdeckt zu werden. Öffnen wir die Tür zur Grenzenlosigkeit, dann werden wir erkennen, dass wir in dem Geflecht, das wir Leben nennen, alle miteinander verbunden sind. Durch den Zyklus von Leben, Tod und Wiedergeburt lernen wir, wer wir sind und warum wir hier sind.

Die Tür öffnen

In meinen Kursen zur Entfaltung von übersinnlichen Fähigkeiten und Medialität vergleiche ich das Beschreiten des spirituellen Pfades gern mit einer Reise in eine fremde Stadt. Nehmen wir einmal an, wir führen nach Rom. Um möglichst viel von der Reise zu haben, müssen wir uns vorbereiten. Für den Flug nach Rom müssen wir ein Ticket kaufen, die Koffer packen, zum Flughafen fahren, uns im Flugzeug unseren Sitz suchen und es uns darauf bequem machen. Wenn wir kein Italienisch sprechen, nehmen wir vielleicht noch einen Sprachführer mit, um uns besser verständigen zu können. Und auch ein Städteführer wäre hilfreich, oder wir entschließen uns zu einer geführten Stadtrundfahrt, damit wir keine der berühmten historischen Sehenswürdigkeiten verpassen.

Auf die gleiche Weise müssen wir uns für die Reise zu unserer Seele vorbereiten. Als Erstes müssen wir uns von der äußeren Welt der Beurteilungen und rationalen Bewertungen abschirmen, um uns auf die inneren Bewusstseinswelten einstimmen zu können. Dies ist keine neue Überlegung. Seit Jahrhunderten wurde Nonnen und Mönchen aus eben diesem Grund ein Leben in klösterlicher Abgeschiedenheit vorgeschrieben, denn wer nicht in Kontakt mit der Gesellschaft steht, läuft auch nicht Gefahr, von äußeren Einflüssen negativ manipuliert zu werden. Auf diese Weise konnten sich diese Menschen ihre Reinheit bewahren und sich für ein höheres Bewusstsein öffnen.

Wie aber können wir es ihnen gleichtun, wo wir doch von äußeren Reizen geradezu bombardiert werden? Es gibt doch kaum einen Tag, an dem wir vor den aktuellen Nachrichten über Gewalt, Zerstörung und Krankheit oder dem Klatsch über Filmstars und Politiker verschont bleiben. Wir machen uns Sorgen um die Wirtschaft unseres Landes oder darüber, wie wir einmal unsere Rente finanzieren sollen. Unser Bewusstsein kreist ausnahmslos um das Geschehen in der rastlosen äußeren Welt. Wir sind so sehr damit beschäftigt, mit den alltäglichen Anforderungen fertig zu werden, dass wir nicht die Zeit haben, unseren Geist zur Ruhe kommen zu lassen und uns bewusst zu machen, dass wir alle Geistwesen auf dem Weg zur Erleuchtung sind.

Um Ihre Reise anzutreten, müssen Sie sich auf die innere Welt einstimmen. Die folgende Visualisierungsübung soll Ihnen dabei helfen. Lesen Sie den Text erst durch, und legen

Sie dann das Buch aus der Hand, um die entsprechenden Bilder in Ihrer Vorstellung wachzurufen. Am besten tun Sie dies mit geschlossenen Augen, um äußere Ablenkungen auszuschließen und sich mit Ihrer Aufmerksamkeit nach innen zu wenden.

Meditation

Wenn Sie jetzt Ihre Augen schließen, dann achten Sie einmal auf Ihre Sinneswahrnehmungen. Seien Sie offen für alles, was Sie umgibt. Vielleicht dringt Verkehrslärm an Ihr Ohr, oder Sie hören aus der Ferne die Stimmen von Nachbarn oder einen Fernseher, den irgendjemand zu laut gestellt hat. Versuchen Sie, sich von solchen Ablenkungen nicht stören zu lassen. Sie brauchen sie nicht zu bewerten. Lassen Sie sie einfach so stehen, wie sie sind. Und nun wenden Sie Ihre Aufmerksamkeit nach innen und konzentrieren sich auf Ihren Körper. Spüren Sie, wie Ihr Rücken gegen die Stuhllehne drückt, und werden Sie sich Ihrer Arme, Ihrer Beine und Ihres Oberkörpers bewusst. Konzentrieren Sie sich auf jeden einzelnen Teil Ihres Körpers. Spüren Sie, wie sich Ihre Füße im Kontakt mit dem Boden oder in den Schuhen anfühlen. Machen Sie sich bewusst, wie sich Ihre Kleidung auf dem Körper anfühlt. Zwängt Sie irgendetwas ein? Nehmen Sie es nur zur Kenntnis; versuchen Sie nicht, es zu ändern. Lassen Sie es einfach so, wie es ist.

Und nun holen Sie einen tiefen Atemzug, und atmen Sie langsam wieder aus. Achten Sie auf Ihren Atem. Machen Sie sich bewusst, wie Sie beim Einatmen Sauerstoff in sich aufnehmen – Sauerstoff, den unser physischer Körper braucht, um hier auf diesem Planeten leben zu können. Wo wir auch sein mögen, wir sind allzeit von Sauerstoffmolekülen umgeben, die jede Zelle unseres Körpers beleben. Nehmen Sie beim Ausatmen wahr, wie die verbrauchte Luft aus Ihrem Körper ausströmt. Sie hat ihren Dienst getan und wird nicht mehr benötigt. Wenn Sie jetzt neuen Sauerstoff einatmen, dann betrachten Sie ihn einmal als eine Form von Energie. Sie können sich Sternenstaub oder Schneeflocken vorstellen oder jedes andere Bild heranziehen, das Ihnen hilft, diese Vorstellung von »Energie« lebendig werden zu lassen. Und wenn vor Ihrem geistigen Auge Ihr Bild von Energie entstanden ist, dann konzentrieren Sie sich darauf. Mit der Zeit spüren Sie dann, wie diese Energie in Ihren Körper ein- und wieder aus ihm herausfließt.

Und mit diesem Bild von Energie vor Augen visualisieren Sie nun, wie diese jede Form des Lebens überall auf der Erde durchdringt; wie sie von einer stillenden Mutter in Afrika ebenso ausgestrahlt wird wie von einem Priester, der im Vatikan seinen Rosenkranz betet. Stellen Sie sich vor, wie diese Energie gleichermaßen durch ein Rennpferd beim Überqueren der Ziellinie pulsiert wie durch Millionen von Ameisen, die unter ihrem Haus eine unterirdische Kolonie errichten. Sie ist formlos, und es gibt sie überall. Sie ist an nichts gebunden und umfasst alles. Sie kennt keine Unterscheidungen nach Religionszugehörigkeit, Nationalität, Wertesystemen, Intelligenzquotienten oder sozialen Schichten. Sie ist mit allem eins. Denken Sie darüber nach. Sie sind ein Teil dieser Energie und eins mit allem, für wie andersartig Sie sich auch immer halten mögen. Sie können Sauerstoff – die Energie des Lebens – nicht sehen. Und doch ist er zur gleichen Zeit sowohl hier als auch dort.

Wenn Sie nun weiter lesen, dann bewahren Sie sich dabei dieses neue Bewusstsein von einer gemeinsamen Quelle. Mit dieser schlichten Übung haben Sie begonnen, sich auf die Vorstellung vom Einssein mit allem einzustimmen. Diese Energie ist ein unabdingbarer Bestandteil Ihres Lebens und Ihrer spirituellen Verbundenheit mit allem und jedem.

2

Den Geist wachrufen

> Sie sind Schöpfer ihrer selbst durch die Gedanken,
> die sie wählen und heraufbeschwören; dieser Geist
> ist der große Weber des inneren Gewands des
> Charakters und des äußeren Gewands der Umstände. Und so, wie sie bisher unwissend und
> voller Leid daran gewoben haben, können sie jetzt
> glücklich und erleuchtet daran weben.
>
> JAMES ALLEN,
> *As a Man Thinketh*
> (»Wie der Mensch denkt«)

Alles ist Energie. Die Wissenschaft fasst Energie und ihre Wirkweise in physikalischen Begriffen, die auf irdischen Elementen basieren: wie bestimmte atomare Verbindungen Cluster bilden. Auf einer höheren Ebene aber – in der vierten oder geistigen Dimension – finden wir die Kraft, die die Atome in Wirklichkeit zusammenhält. Diese Energie ist es, die ich als Gotteskraft bezeichne.

Unser gesamtes Universum ist von dieser Gotteskraft durchdrungen. Aus ihr sind wir gemacht, und von ihr kommen wir her.

Die Gotteskraft ist der Kern alles Seins

Der menschliche und kosmische Geist sowie der physische Körper bestehen alle aus ein und derselben Gotteskraft, doch sie schwingen jeweils auf einer anderen Frequenz. Wenn ich gefragt werde, ob der menschliche Geist Teil unseres Gehirns ist, antworte ich immer, dass das Gehirn das Organ des Geistes ist, so wie die Augen das Organ des Sehens sind. Wir sehen so gut, wie es der Gesundheitszustand unserer Augen zulässt, und dies gilt analog auch für den Geist und das Gehirn. Das Gehirn ist etwas Organisches, Persönliches und Individuelles. Es ist in einem permanenten Entwicklungsprozess begriffen, und es liegt an uns selbst, diesen Prozess zu unterstützen und unsere Gehirnleistung zu stärken. Unser Geist hingegen ist von vornherein perfekt. Emerson beschrieb ihn so:

> Der menschliche Geist ist ein ätherisches Meer, das dem Wechsel der Gezeiten folgt, das mal hierhin und mal dorthin schwappt und seine Wohltaten in jeden Bach und jede Mündung spült. Am Ufer dieses Meeres hat jeder Mensch ein Haus. Doch für diese Kraft schöpfende Naturgewalt, die zu dem hinfließt, zu dem sie will und sich von dem zurückzieht, von dem sie will, ist keine Gebühr zu entrichten, und weder Mensch noch Engel haben einen Besitzanspruch darauf. Sie ist wie das Licht öffentlich und uneingeschränkt für jeden da, und das zu den gleichen Bedingungen.

Der menschliche Geist scheint das Fenster zur Natur selbst zu sein. Er ergießt sich in schöpferischer Kraft, Vorstellung und Vernunft. Wenn wir uns die positiven Energien des Geistes zunutze machen, sind wir zu wahrhaft Unglaublichem fähig. Nehmen wir beispielsweise das Schreiben oder Malen. Am Anfang hat der Schriftsteller oder Maler eine Idee von einer bestimmten Handlung oder einem Bild im Kopf, die er dann zu Papier bringt oder auf die Leinwand bannt. Wie aber genau geschieht dies? Das Gehirn kann nur das von sich geben, was ihm eingegeben wurde, darin unterscheidet es sich kaum von einem Computer. Der Geist aber übersteigt das Potenzial unseres computerartigen Gehirns bei weitem. Er ist an die Gotteskraft angeschlossen, die alles beinhaltet. Denken wir daran, wie Mozart eine Oper oder ein Klavierkonzert komponierte, können wir uns des Gefühls nicht erwehren, dass er dabei ein himmlisches Orchester spielen hörte. Und während er den Klängen lauschte, nutzte er sein Gehirn, um die Noten niederzuschreiben. Das Gehirn war der Kanal, durch den er komponieren konnte; sein Geist aber war es, der das musikalische Meisterwerk schuf.

Wenn wir wissen, dass das Gehirn nicht die Quelle unserer Ideen und Einfälle ist, müssen wir gleichzeitig erkennen, dass der individuelle Geist mit dem universellen Geist verbunden ist und daran substanziellen Anteil hat.

Der universelle Geist

Wenn ich an den universellen Geist denke, stelle ich ihn mir als einen riesigen, transparenten, aufnahmefähigen, spiegelnden See vor. Und der individuelle Geist ist wie ein Fisch, der in diesem See schwimmt. Der Fisch ist von dem Umfeld abhängig, in dem er sich bewegt, und ist dessen Einwirkungen ausgesetzt. Die Gedanken sind wie Wellen, die sich an der Wasseroberfläche kräuseln. Jede einzelne dieser Wellen nimmt ihren Ursprung im See und ist Teil des Wassers, gleichzeitig aber ist jede verschieden und individuell. Und jede von ihnen wirkt sich auf jeden Fisch und damit den ganzen See aus.

Der universelle Geist kennt keine Grenzen oder Beschränkungen, und jeder kann auf ihn zugreifen. Haben Sie sich nicht auch schon einmal eine Fernsehsendung angesehen und gedacht: Genau die gleiche Idee habe ich vor einem Jahr selbst auch schon gehabt! Wie oft kommt es vor, dass Menschen völlig unabhängig voneinander zu ein und demselben Plan oder Einfall gelangen! Warum nur? Weil sich mehrere Menschen in ihrem schöpferischen Prozess in den universellen Geist einklinken und ein und dieselbe Inspiration in ihren individuellen Geist »hineinziehen«. Ideen sind nichts anderes als tief in unserem Inneren verankerte Empfindungen. Gelangen sie erst einmal in unser Bewusstsein, können wir sie in die Tat umsetzen. Mit anderen Worten: Bei der Ideenflut in unserem Kopf handelt es sich um Schwingungen des universellen Geistes.

Als ich nach Los Angeles zog, hatte ich mir vorgenommen, Fernseh- und Drehbuchautor zu werden. Ich weiß noch, wie ich eines Morgens mit einer grandiosen Filmidee aufwachte. Ich hielt sie für einzigartig und meinte, dass sie beim Publikum auf große Resonanz stoßen würde. Sofort setzte ich mich an meinen Computer und fing an loszuschreiben. In meiner Geschichte kam ein Kinderbuch vor, dessen Figuren zum Leben erwachten und mit dem Autor in Interaktion traten. Ich hielt das Ganze für so originell und ungewöhnlich, dass ich mich nicht traute, mit jemandem darüber zu reden. Noch nicht einmal meine Freunde weihte ich ein. Ich wollte ja nicht, dass mir jemand meine Idee klaut. Drei Monate später war das Drehbuch fertig, und ich schickte es an die diversen Studios. Von allen bekam ich dieselbe Reaktion: Man teilte mir mit, dass drei weitere Drehbücher mit exakt demselben Plot eingereicht worden waren. Ich war am Boden zerstört. Meine einmalige Idee, die ich so sorgfältig geheim gehalten hatte, hatte im Geist von drei anderen, völlig fremden Menschen Fuß gefasst.

Diese Parallelität der Einfälle ist so real wie die Luft, die wir atmen, oder die Sonnenstrahlen, die wir auf unserer Haut spüren. Auf globaler Ebene verbindet uns ein Gefühl der gegenseitigen Anteilnahme. Was haben wir alle in dem Augenblick empfunden, als wir von Prinzessin Dianas Tod erfuhren? Eine Welle der Traurigkeit schien die ganze Welt zu erfassen. Obwohl kaum einer von uns sie persönlich gekannt hatte, konnten wir seelischen Schmerz empfinden und den Verlust betrauern, weil wir alle miteinander verbunden sind. So wie ein und dieselbe Sonne auf uns alle herabscheint, sind wir alle Teil eines großen Ganzen. Unsere Empfindungen sind die gleichen; wir fühlen, sehen, hören, berühren, lachen und weinen. Wir alle haben Anteil an der Gotteskraft. Wäre die Welt nicht ein besserer Ort, wenn wir unsere Mitmenschen als spirituelle Geschöpfe betrachten und ihnen auf unserem irdischen Weg mit Güte und Zuspruch begegnen würden?

Die Gedanken, die wir erschaffen

Gedanken sind etwas absolut Konkretes! Sie sind so real wie die Organe in unserem Körper. Welche Art von Gedanken beschäftigt uns? Freundliche oder verletzende? Gedanken haben Macht, und so sollten wir darauf achten, was uns tagein, tagaus durch den Kopf geht. Das Leben, das wir führen, ist das Ergebnis unserer Gedanken.

Die Wissenschaft schreibt den Prozess des Denkens und Abwägens bestimmten Neuronenmustern in unserem Gehirn zu. Das stimmt tatsächlich. In bestimmten Gehirnregionen findet wirklich eine gewisse elektrische Aktivität statt, die unsere Denkleistung beeinflusst. In Wahrheit aber entstehen die Gedanken selbst keinesfalls in unserem Gehirn. Wir sagen nicht, etwas kommt uns ins Gehirn, sondern vielmehr: Etwas kommt uns in den Sinn – sprich den Geist. Das Denken ist eine Funktion des Geistes, und das Endergebnis finden wir im Gehirn.

Es gibt im Wesentlichen drei Gedankenquellen. Zu der ersten finden die einen leicht, andere hingegen schwerer Zugang. Es ist das durch Gebet oder stille Meditation inspirierte Denken. Die Schwingung dieser Gedankenenergien ist ziemlich hoch. Der erste Schritt, um sich auf diese höheren Frequenzen einzustimmen, besteht darin, es sich zur Gewohnheit zu machen, jeden Tag eine bestimmte Zeit zum Beten und Meditieren zu reservieren. Wenngleich es nicht immer so scheint, als ob dabei tatsächlich etwas passiert, werden auch Sie mit der Zeit feststellen, wie sehr sich die spirituelle Praxis lohnt. Meiner Meinung nach lässt die Bewusstwerdung auf dieser Ebene ein Gefühl der Demut, inneren Ruhe, Eigenliebe und Freude in uns entstehen.

Während meiner jahrelangen Ausbildung zum Medium gehörte das Meditieren zu den täglichen Pflichtübungen. In dem Maße, wie ich mein Bewusstsein auf diese Gotteskraft ausrichtete, vertiefte sich meine Verbundenheit mit den geistigen Dimensionen und wurde auf eine höhere Schwingungsebene gehoben. Um dies zu erreichen, musste ich jedoch Tag um Tag geduldig in der Stille sitzen, um immer empfindsamer für die Gotteskraft in mir zu werden. Während der Séancen, die ich für meine Klienten hielt, arbeitete ich aus einer sehr hohen Frequenz der Liebe heraus. Über mediale Fähigkeiten zu verfügen, ist an und für sich eine unglaubliche, wunderbare Gabe, doch die Arbeit erlangt noch einmal eine völlig neue Bedeutung, wenn das Medium sich gleichzeitig auf einer spirituellen Ebene entwickelt.

Gleiches zieht Gleiches an.

Auf diesen Satz greife ich immer wieder gern zurück, und auch in diesem Buch kommt er mehrmals vor. Ruht ein Mensch in seiner Mitte, und denkt er Gedanken der Liebe, des Friedens und der Fülle, wird er die mit diesem Gedanken einhergehenden Erfahrungen machen. Malen Sie sich doch nur aus, wie es wäre, wenn alle Menschen auf der Welt auf einmal nur noch gute Gedanken denken würden. Eine faszinierende Vorstellung, nicht wahr?

Für mich als spirituelles Medium ist es überaus wichtig, mir Zeit zum Meditieren zu nehmen und mich auf die positiven Aspekte des Lebens auszurichten. Ich bin überzeugt, dass die von mir gechannelten Botschaften durch die konsequente Praxis spiritueller und exakter werden und die darin enthaltenen Lektionen allen Beteiligten größeren Nutzen bringen.

Die zweite Art von Gedanken beziehen wir aus unserem Umfeld. Wir müssen uns darüber im Klaren sein, welch großen Einfluss unsere Umgebung auf unser tägliches Leben hat. Wie oft haben wir einen Raum betreten und das Gefühl gehabt, dass irgendetwas nicht in Ordnung sei? Oder wie oft fühlen wir uns ohne ersichtlichen Grund deprimiert oder krank? Das liegt daran, dass wir die Energien eines anderen Menschen aufgenommen haben.

Ich muss immer vorsichtig sein, wenn ich jemanden im Krankenhaus besuche, weil ich überaus sensibel auf die Empfindungen und Gefühle anderer reagiere. Wenn ich den Flur entlanglaufe, dringen mir die inneren Schreie der Patienten bis in die Seele: »Ich will hier raus!« oder »Ich will nicht sterben!« oder »Ich habe solche Schmerzen! Kann mir nicht irgendjemand helfen?« Das Gefühl von Krankheit und Leid ist so übermächtig und allgegenwärtig, dass es mich manchmal regelrecht überwältigt.

Wie eine Radiostation senden und empfangen wir ununterbrochen Signale, und das nicht nur untereinander. Auch auf einer viel umfassenderen Ebene sind wir dem Einfluss der auf uns einwirkenden Signale des Massenbewusstseins ausgesetzt. Manche dieser Gedanken mögen zwar gut und menschlich sein, die meisten aber beinhalten Botschaften der Gier, des Zorns, der Selbstsucht und der Unaufrichtigkeit. Diese Gedanken gehören zu den niederen Anteilen unserer Persönlichkeit und werden von diesen angezogen. Unter der unablässigen Bombardierung mit niederen Bewusstseinseinflüssen haben Vorstellungen von einer höheren, spirituellen Natur des Menschen für die Masse nur wenig Reiz.

Dies bedeutet nicht, dass alle Gedanken, die wir von anderen empfangen, zwangsläufig negativ sein müssten. Heilgebete und Liebe sind höhere Gedankenschwingungen, und auch sie wirken von außen auf uns ein. Wenn Sie Liebe aussenden, wird irgendeiner diese Liebe empfangen. Bewusst mag dies nicht wahrgenommen werden, doch der Austausch ist darum nicht weniger lebendig und wirksam.

Und schließlich kommen wir zu unseren normalen, alltäglichen Gedanken. Seit Sigmund Freud unterscheiden Psychiater und Psychologen drei separate, doch voneinander abhängige Bewusstseinsebenen: das Bewusste, das Unterbewusste und das Unbewusste. Den bewussten Geist setzen wir ein, um auf dem Markt das Wechselgeld nachzuzählen und um dieses Buch zu lesen. Der unterbewusste Geist steuert unsere unwillkürlichen Körperfunktionen; so reguliert er etwa den Schlaf, die Atmung, die Verdauung, den Blutkreislauf und so weiter. Er schläft nie und kommt darum nie zum Stillstand. Der unbewusste Geist ist ungesehen und grenzenlos. Er ist der Speicher sämtlicher Erinnerungen an alles, was wir von Anbeginn bis zum augenblicklichen Moment gedacht, gefühlt, gelernt oder erlebt haben.

Meist ist es jedoch der unterbewusste Geist, der unser Leben steuert. Das Unterbewusste ist wie eine unermüdlich arbeitende Maschine zur Regeneration jener Zellen, die der Körper braucht, um heil zu bleiben. Dieser Teil des Geistes kennt weder Vernunft noch Logik – damit befasst sich der bewusste Geist. Vielmehr ist er unablässig damit beschäftigt, Gedanken und Eindrücke ohne jede Bewertung abzuspeichern. Während unserer Kindheit registriert das Unterbewusste die Worte und Gedankengänge der Erwachsenen ringsum, und diese Erinnerungen sind überaus lebendig in uns. Gewohnheiten zum Beispiel haben ihren Ursprung in unterbewussten Gedanken. Um Herr über unser Leben zu sein, müssen wir die Fäden sowohl unseres bewussten als auch unseres unterbewussten Denkens in der Hand halten. Das Unterbewusste birgt große Weisheit. Wenn wir es uns erschließen, eröffnet sich uns das Tor zu einem schier unerschöpflichen Wissensreservoir.

Der menschliche Geist ist ein sprudelnder Quell von großartigen Entdeckungen und Erfindungen, die der Menschheit zum Vorteil gereichen können. Im Guten eingesetzt, bringt er bedeutende künstlerische, philosophische und wissenschaftliche Werke hervor, die die Lebensqualität auf unserem Planeten deutlich verbessern. Aber eben jener Geist, der zu solch faszinierenden Wundertaten fähig ist, kann mit der gleichen Kraft Zerstörung und Vernichtung über die Erde bringen. Er kann schreckliche Grausamkeiten anrichten und unendlichen Hass verbreiten. Wir sind es uns selbst schuldig, unsere Gedanken auf die höchste Frequenz anzuheben, um ein höheres Bewusstsein zu entwickeln und so die Herrlichkeiten und Wunder des Lebens an künftige Generationen weitergeben zu können.

Der bedeutende Lehrer James Allen hat mit *As a Man Thinketh (»Wie der Mensch denkt«)* ein revolutionäres Werk verfasst, dessen Lektüre ich jedem ans Herz lege, der seine Denkmuster ändern möchte. Er schreibt:

Der Mensch ist sich selbst der allerbeste Freund, aber auch der größte Feind ... In seiner Gedankenschmiede entstehen die Waffen, mit denen er sich selbst zerstört; gleichzeitig aber auch die Werkzeuge, mit denen er sich himmlische Paläste voller Freude, Kraft und Frieden baut. Recht gewählt und eingesetzt, können die Gedanken den Menschen zu göttlicher Vollkommenheit führen; missbraucht er sie aber, und setzt er sie falsch ein, sinkt er unter das Niveau des Tieres hinab. Zwischen diesen beiden Extremen liegen sämtliche charakterlichen Abstufungen, und der Mensch ist ihr Schöpfer und Meister.

3
Wer sind wir?

> Doch das Zeitlose in euch ist sich der Zeitlosigkeit
> des Lebens bewusst und weiß, dass das Gestern
> nur die Erinnerung des Heute ist
> und das Morgen dessen Traum.
> Und es weiß auch, dass das, was in euch singt
> und sinnt, noch immer in den Grenzen jenes ersten
> Augenblicks verweilt, der die Sterne
> in das Weltall streute.
>
> KHALIL GIBRAN, *Der Prophet*

Was wissen wir eigentlich über uns selbst? Klar, unser physischer Körper ist leicht wahrzunehmen, und wir sind mit dem Reich des Geistes und der Gedanken vertraut, mit dem wir uns im vorangegangenen Kapitel befasst haben. Aber jenseits dieser Ebenen liegt ein Aspekt unseres Seins, der wesentlich geheimnisvoller ist: unsere geistige Natur. Für diese Etappe unserer Reise ist es wichtig, die Tür zu all unseren Sinnen – auch der Intuition oder dem inneren Kompass – weit offen zu halten.

---

* Aus der Betrachtung »Über die Zeit«. Zitiert nach Khalil Gibran, Die Prophetenbücher; Der Prophet, übersetzt von Hans Christian Meiser, Goldmann Verlag, München, 2002

Zu Beginn meiner Ausführungen möchte ich einige Begriffe im Zusammenhang mit dem kosmischen Geist einführen und die verschiedenen »Körper des Menschen« beschreiben, die uns zu dem einzigartigen Geschöpf machen, das wir sind. Bei diesen Körpern handelt es sich um unsichtbare Schichten des Seelenspektrums, die uns als Aura umgeben. Die Aura können wir uns als eine Blaupause unserer geistigen, emotionalen, mentalen und physischen Energien und Erfahrungen vorstellen. Sie ist die wohl dichteste äußere Manifestation der Seele, die wir beobachten können.

Die Aura

Ich erinnere mich noch gut daran, wie ich meiner Mutter als kleines Kind – ich muss damals etwa sechs oder sieben Jahre alt gewesen sein – davon erzählte, dass ich um die Menschen herum *Lichter* sah. Sie lachte bloß und ging nicht weiter darauf ein. Weil ich keine Ahnung hatte, was es mit diesen Lichtern auf sich hatte, ging ich davon aus, dass jeder sie sehen könnte. Es gab sie in den verschiedensten Farbtönen: blau, rosa, grün, gelb, rot und so weiter. Ich weiß noch, dass ich gern mit meiner Mutter zum Einkaufen in einen bestimmten Lebensmittelladen ging, weil der Mann hinter der Theke um sich herum einen so wunderschön gefärbten Lichterkranz hatte. Ich stand jedes Mal da und bestaunte den herrlichen Regenbogen aus Blautönen, die an manchen Stellen ins Violette und Rosarote übergingen. Ich erinnere mich, dass er immer guter Laune war und immer einen Spaß für seine Kunden parat hatte. Dass sich mir dieser Mann mit seinen Farben so gut eingeprägt hat, wird wohl daran liegen, dass er mir am Ende unseres Einkaufs jedes Mal einen Lutscher in die Hand gedrückt hat.

Ähnliche Erfahrungen machte ich, wann immer uns Verwandte oder Freunde zu Hause besuchten. Ich sah mir dann zumeist die Farben und Lichter an und sagte Dinge wie: »Der Mann ist aber grün« oder »An der Frau sind lauter braune Lichter dran.« Meine Bemerkungen wurden nie sonderlich beachtet, und ich erntete damit allenfalls Kommentare wie: »Was bist du für ein niedliches Kerlchen« oder »Ist er nicht süß!« Auch fiel mir auf, dass die Frau mit den braunen Lichtern nicht gerade fröhlich war. Später erklärte mir meine Mutter: »Die Frau ist sehr krank.« Die meisten Menschen aber erlebte ich als liebenswürdig und herzlich; von ihnen wurde ich oft in den Arm genommen und geküsst. Und bei ihnen fielen mir besonders die leuchtend rosa Lichter auf.

Mit zunehmendem Alter ließ meine Fähigkeit, die Lichter im Umfeld der Menschen zu sehen, langsam nach, und ich bemerkte sie nur noch gelegentlich. Einmal aber geschah etwas, das ich nie vergessen werde. Ich war damals etwa acht Jahre alt und gemeinsam mit ein paar Freunden losgezogen, um im örtlichen Feinkostladen etwas zu essen zu kaufen. Wir hatten gerade bezahlt und wollten aus dem Laden stürmen, als mir ein großer Mann, der mich nicht gesehen hatte, den Weg verstellte. Ich schaute zu ihm auf, und er starrte mich an; seine Augen durchdrangen mich wie Laserstrahlen eine Ziegelmauer. Plötzlich sah ich eine neblige schwarzgraue Wolke oberhalb seines Kopfes und vor seiner Brust. Drei Tage später sah ich den Mann wieder – diesmal in der Zeitung. Die Polizei hatte ihn verhaftet, weil er den Feinkostladen ausgeraubt hatte! Die Nachricht jagte mir einen riesigen Schreck ein. Doch verging noch viel Zeit, bis ich begriff, was die düstere Wolke zu bedeuten hatte.

Die Aura setzt sich aus verschiedenen Energieschichten zusammen. Als kleiner Junge betete ich im Winter jeden Abend, dass es schneien sollte, denn dann konnte man am nächsten Tag immer so schön spielen. Wenn ich morgens aufwachte, rannte ich zum Fenster, um nachzuschauen, ob meine Gebete erhört worden waren. Hatte es tatsächlich geschneit, konnte ich es kaum abwarten, nach draußen zu kommen. Aber meine Mutter bestand darauf, mich erst mühsam in mehrere Lagen Kleidung zu stecken: erst ein T-Shirt, dann ein dicker Pullover und schließlich noch der Anorak. Und das war gut so, denn die Kleidung schützte mich vor der Kälte. Und auf ähnliche Weise haben auch die Schichten der Aura ihren Zweck, denn sie dienen dazu, all unsere Erfahrungen, Gefühle, Gedanken und Wünsche zu speichern.

Die Vorstellung von der Aura als einer Lebensenergie, die den Körper umhüllt und ihn umströmt, ist nicht neu. Einer der ersten Menschen aus unserem Kulturkreis, die darüber geschrieben haben, war Paracelsus, ein Alchemist und Heiler aus dem sechzehnten Jahrhundert. Er bezeichnete unser Energiefeld als eine »feurige Kugel«. Im achtzehnten Jahrhundert führte der österreichische Arzt Franz Anton Mesmer den Begriff des »animalischen Magnetismus« ein, den er als eine den Körper umgebende elektromagnetische Energie definierte. Nach seiner Auffassung hatte diese einen beachtlichen Einfluss auf die gesundheitliche Verfassung des Menschen und konnte von Person zu Person übertragen werden. Im zwanzigsten Jahrhundert erfand der Londoner Arzt Dr. Walter J. Kilner den so genannten Kilner-Schirm, ein mechanisch-chemisches Hilfsmittel, das mit Hilfe von Dicyanin-Blau (einem Kohle-Teer-Farbstoff) ultraviolettes Licht sichtbar machen konnte. Mit diesem Verfahren entdeckte Kilner einen Lichtschein im Umfeld des menschlichen Körpers, und im Laufe der Zeit gelangte er zu der Überzeugung, von den Besonderheiten dieses Lichts Rückschlüsse auf körperliche Erkrankungen ziehen zu können. 1911 veröffentlichte der Londoner Arzt seine Forschungsergebnisse in einem Buch mit dem Titel *The Human Aura* (»*Die menschliche Aura*«). 1939 stellte der russische Elektriker Semjon Dawidowitsch Kirlian einen fotografischen Prozess vor, mit dem auf einer unbelichteten Fotoplatte Objekte abgebildet wurden. Im Entwicklerbad wurden anschließend rings um den Gegenstand diverse Formen der »Koronastrahlung« sichtbar gemacht. Dieses als Kirlian-Fotografie bekannte Verfahren ist heute noch im Einsatz, doch die auf diesem Wege fotografierte Koronastrahlung oder Aura wird zumeist als übersinnliches Phänomen gedeutet, da bislang noch keine wissenschaftliche Erklärung für ihr Zustandekommen gefunden wurde. Im Zusammenhang mit der Kirlian-Fotografie dürfen wir eines nie aus den Augen verlieren: Als Abbild der jeweils aktuellen emotionalen, mentalen, physischen oder spirituellen Befindlichkeit eines Menschen ist die Aura ständigen Veränderungen unterworfen. Ein Foto aber kann stets nur eine Momentaufnahme liefern.

Meine Aurasichtigkeit verlor sich vorübergehend, bis ich mich Anfang zwanzig der Meditation und Entwicklung meiner inneren Achtsamkeit zuwandte und mich zunehmend für die Gefühle und Empfindungen anderer sensibilisierte. Seither habe ich meine seherische Gabe nicht nur wiedererweckt, sondern durch jahrelanges Üben noch wesentlich verbessert, so dass sie heute in meiner Arbeit eine wesentliche Rolle spielt.

Wenn ich Demonstrationsveranstaltungen abhalte, sehe ich in der Regel eine große Palette von Farben und Lichtern, deren Töne und Intensität von Mensch zu Mensch und je nach Körperregion verschieden sind. Ist im linken Schulter- und Nackenbereich eines Menschen ein leuchtend rotes Licht zu sehen, weiß ich, dass er an Kopfschmerzen oder Nackenproblemen leidet. Entdecke ich eine Zusammenballung von dunklen, dichten grauen oder braunen Feldern in der Magengegend, frage ich nach, ob der Betreffende Probleme in diesem Bereich hat, und meistens wird das mit ja beantwortet.

Über die Jahre hinweg konnte ich immer wieder beobachten, dass die Aura die Befindlichkeit eines Menschen in vielerlei Hinsicht aufs Exakteste widerspiegelt. Doch sie liefert nicht nur ein Abbild unserer körperlichen Verfassung. Als Ausdruck der verschiedenen Bewusstseinsebenen, die unser Sein ausmachen, gibt sie Auskunft über unseren Charakter und unser persönliches Potenzial. Zudem werden unsere vergangenen Erlebnisse darin gespeichert: Bis wir erwachsen sind, hat unsere Aura Jahre der emotionalen, mentalen, spirituellen und physischen Erfahrung in sich aufgenommen. Unsere Fähigkeiten, Wünsche, Vorlieben, Abneigungen, Erfolge und Fehlschläge haben darin ebenso ihren Niederschlag gefunden wie die Erinnerung an außergewöhnliche Ereignisse, an schmerzliche und traurige Lebensphasen.

Aber die Größe und Form der Aura hängt noch von einer Reihe anderer Faktoren ab. Üblicherweise ist sie oval und dehnt sich etwa 30 bis 45 Zentimeter rings um den Körper aus. Bei extrovertierten, aufgeschlossenen Charakteren reicht sie jedoch meist darüber hinaus. Wenn jemand beispielsweise vor einem größeren Publikum eine Rede hält und versucht, seine Zuhörer zu erreichen oder sich bewusstseinsmäßig auf sie einzustellen, weitet sich seine Aura aus und hüllt die Menschen im Saal mit ein. Dies geschieht bei Politikern, Predigern, Musikern, Schauspielern und Rednern, die ihr Publikum mitreißen müssen. Bei introvertierten, schüchternen Menschen passiert genau das Gegenteil. Statt sich zu weiten, liegt die Aura hier eng am physischen Körper an. Wenn wir uns in einer Umgebung aufhalten, in der wir uns wohl fühlen, weitet sich unsere Aura. Ich habe auch die Aura von Sterbenden gesehen. Sie ist in der Regel schwach und zu einer Linie rings um den Körper zusammengeschrumpft. Dies erscheint nur logisch, zieht sich die Aura doch zum Zeitpunkt des Todes ganz zurück.

Farben

Zu den Farben, die ich beim Auralesen am häufigsten und deutlichsten sehe, gehören die Grüntöne. Sind sie besonders ausgeprägt, frage ich die Betreffenden bei meinen Veranstaltungen gern, ob sie in der Pflege oder heilerisch tätig sind. Meistens lautet die Antwort ja, denn Menschen, die sich auf diesem Gebiet engagieren, haben in den allermeisten Fällen eine leuchtend grüne, heilende Aura. Heilerisch tätig sind wohl bemerkt nicht nur Ärzte und Krankenschwestern, sondern jeder, der einfühlsam und offen auf Hilfsbedürftige zugeht – also womöglich auch Sie.

Die Farbe der Aura ist von Mensch zu Mensch verschieden. Die Helligkeit, Schattierung und Tönung kann weit über das in der physischen Welt sichtbare Spektrum hinausreichen. Die Leuchtkraft der Farben steht in direktem Zusammenhang mit der dahinter stehenden emotionalen Kraft. Die Farben ändern sich oft von Tag zu Tag. Hier die wichtigsten Bedeutungen im Überblick:

Rot: Energie, Lebenskraft und Stärke. Körperlichkeit, Ärger, Hyperaktivität, Wut, Sexualität.
Orange: Selbstwert, Stolz und Nachdenklichkeit. Ehrgeiz, Selbstkontrolle.
Gelb: Intellektualität, Achtsamkeit, Optimismus, Lebensfreude. Unentschlossenheit.
Grün: Mitgefühl, Heilung, Friede, Wohlstand und Sympathie.
Blau: Spiritualität, Hingabe, Loyalität, philosophische Gedanken und Kreativität.
Violett: Liebe, ausgeprägte Spiritualität, Intuition und Weisheit.
Indigo: Spirituelles Streben, Güte, große intuitive Offenheit.
Rosa: Bedingungslose Liebe, Freundschaft und Aufrichtigkeit.
Grau: Depression, Traurigkeit, Angst und Müdigkeit.
Braun: Gier, Selbstbezogenheit, Voreingenommenheit, Erdhaftigkeit.
Schwarz: Mangel an Lebenskraft, niedere Einflüsse, Unwissenheit.

Vergangene Leben und Erinnerungen

Beim Auralesen fallen mir auch immer wieder winzige geometrische Formen und Muster auf. Es handelt sich dabei um Gedankenformen, die das aktuelle oder frühere Denken des Betreffenden widerspiegeln. Mit anderen Worten: Die emotionalen Verletzungen, die ein Mensch sich in der Vergangenheit zugezogen hat, finden in der Aura ebenso ihren Niederschlag wie seine erfüllten oder unerfüllten Wünsche. Meine jahrelange Erfahrung hat immer wieder gezeigt, dass letztere im oberen rechten Bereich der Aura eingespeichert sind, der der mentalen Seite entspricht, die für die Wünsche und Ziele des Einzelnen zuständig ist.

Ferner findet sich in der Aura das gesammelte Karma früherer Inkarnationen sowie die karmischen Aufgaben, die wir in dieser Lebensspanne zu bewältigen haben. All diese Elemente machen die wahre Essenz eines Menschen aus. In meinem ersten Buch bin ich auf das Thema Karma ausführlich eingegangen. Der Klarheit halber will ich an dieser Stelle nur noch einmal darauf hinweisen, dass sich hinter dem Begriff Karma das Prinzip von Ursache und Wirkung verbirgt.

Auf einer meiner spirituellen Odysseen bekam ich ein klares Bild davon, wie sich die vergangenen Leben in der Aura widerspiegeln, und auch mir selbst wurde eine eigene karmische Aufgabe mit auf den Weg gegeben. Gemeinsam mit Dr. Brian Weiss, dem Autor von *Many Lives, Many Masters* (*»Die zahlreichen Leben der Seele«, München 1994*) hielt ich einmal auf einer Kreuzfahrt nach Mexiko ein Seminar mit etwa dreihundert Teilnehmern. Dr. Weiss ist ein renommierter Psychiater, der mit seiner Reinkarnationstherapie vielen Patienten geholfen hat. Nachdem ich an einem Vormittag meinen Unterricht beendet hatte, setzte ich mich mit in seinen Workshop. Ich hatte nicht die Absicht, mich an der Gruppenarbeit zu beteiligen, und um nicht zu stören, schlich ich auf Zehenspitzen in den Raum und setzte mich in die hinterste Sitzreihe.

Dr. Weiss begann mit seiner Hypnose- und Rückführungsdemonstration. Mit verschiedenen Übungen führte er die Teilnehmer zu bestimmten Erlebnissen in früheren Leben zurück. Zu meiner Überraschung stiegen auch in mir Erinnerungen an einige unglaubliche Vorlebenserfahrungen auf. Einmal sah ich mich als General in diversen Kriegen kämpfen. Ich war von meinen Soldaten umringt, und mit dem Wechsel der Kriegsschauplätze änderten sich auch die Uniformen. In dieser Rückführung wurde mir bewusst, dass ich dafür verantwortlich war, meinen Soldaten den Befehl zum Töten gegeben zu haben. Ich war der Befehlshaber. Ich allein fällte die Entscheidung, die Tausende von Männern in den Tod schickte. Während diese Szenen vor meinem geistigen Auge abliefen, wusste ich instinktiv, warum ich diesmal auf die Erde gekommen war: Ich musste das Karma aus all jenen vergangenen Leben abtragen, in denen ich diese Massenvernichtung angeordnet hatte. Durch meine jetzige Arbeit als Heiler kann ich das alte Karma ausgleichen und meine karmische Schuld tilgen. Indem ich anderen helfe, ihre Spiritualität wieder zu finden, mache ich früheres Unrecht wieder gut. Ich stelle meine karmische Balance wieder her, heile meine Seele und schreite auf meinem spirituellen Pfad voran.

Nach der Übung bat Dr. Weiss die Teilnehmer, aufzustehen und den anderen von ihren Erfahrungen zu berichten. Und wie einer nach dem anderen von seinen vergangenen

Leben erzählte, sah ich, wie sich über dem Kopf oder seitlich am Körper jeweils ein Geflecht aus Farben und Mustern zeigte. Bei näherem Hinschauen fiel mir auf, dass in diesen Aurafeldern etwas in Bewegung war: Jedes einzelne von ihnen repräsentierte ein vergangenes Leben. Doch damit nicht genug: Ich sah, dass aus jedem der Felder eine Schnur herausführte, die mit einem bestimmten Körperteil – dem Bein, dem Herzen, dem Kopf – verbunden war. Später fragte ich mehrere der Teilnehmer, ob sie in den Bereichen, an die die Schnüre angeschlossen waren, je körperliche Probleme hatten. Die meisten von ihnen bejahten das. Die Übrigen waren sich unsicher oder konnten sich nicht mehr erinnern. Nach längerem Nachdenken erinnerten sich manche daran, dass es früher einmal Schwierigkeiten an der betreffenden Stelle gegeben hatte. Mir wurde deutlich vor Augen geführt, dass die Erfahrungen aus unseren früheren – und vielleicht sogar unseren zukünftigen – Leben samt und sonders in der Aura gespeichert sind.

Umwelteinflüsse

Die Aura kann auch positive wie negative Einflüsse widerspiegeln, die von außen auf uns einwirken. Immer wieder kommt es vor, dass wir Menschen begegnen, zu denen wir spontan einen »guten Draht« haben oder die wir auf Anhieb unsympathisch finden. Warum ist das so? In den meisten Fällen hat dies damit zu tun, dass wir die Schwingungen, die vom Energiefeld eines anderen ausgehen, registrieren; und je nachdem, wie gut oder schlecht sie sich mit unserer eigenen Ausstrahlung vertragen, fällt unsere gefühlsmäßige Reaktion aus.

Beim Betreten einer Kirche oder Gebetsstätte erfüllt uns meist ein Gefühl des Friedens und Wohlbehagens. Solche Orte scheinen Harmonie und Einklang auszustrahlen. Dies liegt wahrscheinlich daran, dass wir die liebevollen, spirituellen Gefühle der Menschen spüren, die hier gebetet haben. Andererseits kommen wir bisweilen in ein Gebäude oder einen Raum, in dem wir uns aus unerfindlichen Gründen unwohl fühlen, bis wir feststellen, dass an eben diesem Ort kurz vor unserer Ankunft eine Auseinandersetzung oder ein Streit ausgefochten wurde. Auch in diesem Fall registriert unsere Aura die Energien, die das Geschehnis in dem betreffenden Raum zurückgelassen hat.

*Die mentale Atmosphäre, die uns umgibt,
hängt nicht nur von unseren eigenen Gedanken
und Gefühlen ab, sondern ist auch von den Gedanken
und Gefühlen der anderen geprägt.*

Dies zu wissen, ist überaus wichtig. Tagaus, tagein stehen wir im Bannkreis einer Vielzahl unsichtbarer und doch mächtiger Gedanken, die Einfluss auf den physischen Zustand unseres Körpers nehmen. Gedanken spiegeln immer den Charakter desjenigen wider, der sie in die Welt gesetzt hat. Aus diesem Grund sollten wir unbedingt auf die Personen achten, mit denen wir viel zu tun haben. Wir sind wie die Menschen, mit denen wir uns umgeben.

In vielen Fällen ist die Persönlichkeit eines anderen Menschen so dominant, dass sie je nach unserer emotionalen, mentalen, physischen oder spirituellen Verfassung mit seinen Energien mehr oder weniger tief in unser elektromagnetisches Feld eindringen kann. Dies ist besonders dann der Fall, wenn wir auf einer oder mehrerer dieser Ebenen geschwächt sind. Glücklicherweise verfügt unsere Aura über einen angeborenen Schutzmechanismus, der fremde Energiemuster und Gedanken am Eindringen hindert. Im dritten Teil dieses Buches werde ich beschreiben, wie wir uns vor den im Raum stehenden Gedanken und Emotionen anderer Menschen schützen können.

Es gibt noch eine weitere Tatsache, die wir unbedingt bedenken sollten: Die Lebenden haben nicht die Alleinherrschaft über unsere Atmosphäre. Unverkörperte Wesenheiten – so genannte Geistwesen – nehmen ebenfalls Einfluss auf uns und hinterlassen ihre Gedanken in unserer Aura. Dies ist der Grund dafür, dass wir uns so häufig urplötzlich und ohne ersichtlichen Grund an einen Verstorbenen erinnern. Ist dies der Fall, versucht der Betreffende höchstwahrscheinlich, unser elektromagnetisches Feld zu beeinflussen und mit seinen persönlichen Energien und Gedanken zu durchdringen.

Die Körper des Menschen

Die Aura besteht aus so vielen verschiedenen Schichten und Bereichen, dass ich sie hier unmöglich alle beschreiben kann. Die wichtigsten aber entsprechen den vier nachfolgend beschriebenen »Körpern«, die in gegenseitiger Durchdringung jenes ganzheitliche Gefüge bilden, das die Metaphysiker als Mensch betrachten.

Diese Schichten sind: der Ätherkörper, der direkt für die

Verarbeitung aller physischen Abläufe zuständig ist; der Astralkörper, in dem die Gefühle verarbeitet werden; der Mentalkörper, in dem alle Gedanken einschließlich der übersinnlichen und intuitiven Eingebungen zu Hause sind; und der physische Körper.

Der Ätherkörper

Der Ätherkörper wird auch als »Körper-Duplikat« bezeichnet, weil er hinsichtlich seiner Form dem physischen Körper entspricht. Er besteht aus einer Energiematrix, die den physischen Körper an verschiedenen Punkten durchdringt. Diese Punkte werden Energiewirbel oder Chakren genannt. Das Wort *Chakra* kommt aus dem Sanskrit und lässt sich mit »Kreis« übersetzen. Über die Chakren gelangt Gotteskraft – oder Prana (ebenfalls ein Begriff aus dem Sanskrit) – in den physischen Körper und versorgt die diversen physischen Organe und das Nervensystem mit Energie. Man kann sich die Chakren als Räder vorstellen, die sich permanent drehen und dabei Drüsen und Organe wie die Epiphyse, die Hypophyse, die Schilddrüse, die Nebenschilddrüse, die Thymusdrüse, die Nebenniere, die Bauchspeicheldrüse, die Leber, die Milz und die Geschlechtsdrüsen direkt mit Lebenskraft erfüllen.

Die Chakren geben Auskunft über die physische Verfassung eines Menschen, denn sind sie gesund und voller Gotteskraft, erscheinen sie im Ätherkörper als kreisrunde, leuchtend bunte Wirbel. Sie sind über gitterförmig angeordnete Energiebahnen verbunden, die in ihrer Anordnung dem von Architekten und technischen Zeichnern verwendeten Raster vergleichbar sind. Im Umkreis der sich drehenden Wirbel baut sich also ein Energiefeld auf, das mit einem Magnetfeld vergleichbar ist. Einer der wichtigsten Energieströme verläuft dabei senkrecht an der Wirbelsäule entlang und hat direkten Einfluss auf unser Nervensystem.

Vor drei Jahren kam Bob, ein junger Mann von etwa achtunddreißig Jahren, zu einer Einzelsitzung zu mir. Nach der üblichen Einführung nahm ich einen Block zur Hand und fing an, den Ätherkörper meines Klienten zu zeichnen, um mir einen Überblick über seine physische Verfassung zu machen. Zuerst brachte ich ein Strichmännchen zu Papier. Geführt durch meine Intuition bewegte sich der Stift dann langsam an dieser Figur auf und ab. Doch als ich in der unteren Hälfte seines Oberkörpers angelangt war, hielt meine Hand inne. Ich nahm in diesem Bereich eine dunkle Wolke wahr, so als wäre der Energiefluss hier irgendwie zum Erliegen gekommen. »Sie haben offenbar ein Problem im Bereich des Dickdarms«, sagte ich. »Der Energiefluss fühlt sich in diesem Bereich blockiert an.« Er blieb einen Moment in sich gekehrt, dann schaute er auf und sagte: »Vor zwei Jahren wurde ein Teil meines Darms entfernt. Ich habe einen künstlichen Ausgang.« Obwohl sich Bob zwischenzeitlich wieder gut erholt hatte, plagte er sich diesbezüglich immer noch mit Sorgen und Ängsten herum. Und eben diese Gedanken blockierten den Energiefluss noch zusätzlich.

Festgefahrene Gedankenmuster und unausgedrückte Gefühle schlagen sich auf lange Sicht auf der körperlichen Ebene nieder. Mit anderen Worten: Was Sie denken und fühlen, materialisiert sich auf die eine oder andere Weise – als Gesundheit oder Krankheit – im physischen Körper. Stellen wir uns unseren Körper als Bahnhof und die Gedanken als Züge vor. Früher oder später müssen die Gedankenzüge im Bahnhof einlaufen. Nur wenn wir gesund denken, wird auch der Körper gesund bleiben.

Bei Bob fungierte der Ätherkörper wie eine Art Barometer des physischen Wohlbefindens. Dadurch, dass ich mich intuitiv auf ihn einstimmte, konnte ich sein körperliches Leiden erkennen. In der Alternativmedizin gibt es Heiler, die allein über die Betrachtung des Ätherkörpers Leiden und Krankheiten zu diagnostizieren vermögen. Nirgendwo sonst sind die Frequenzen des physischen Körpers so deutlich ablesbar wie hier. Die anderen Energiekörper finden ihre Entsprechungen in anderen Bereichen des menschlichen Bewusstseins.

Der Astralkörper

Der Astralkörper wird auch emotionaler Körper genannt. Er besteht aus dreidimensionalem ätherischem Material und ist nach dem physischen Körper der zweitkompakteste. In der Tat ist er dessen exakte Replik, reicht aber etwa 12,5 bis 20 Zentimeter über dessen Umrisse hinaus.

Viele Metaphysiker und auch die Theosophen verwenden den Begriff des Astralkörpers synonym zu dem des Ätherkörpers. Ich selbst aber erkenne feine Unterschiede. Während das Ätherische hauptsächlich mit dem Energiesystem (den Chakren) zu tun hat, geht das Astrale einen Schritt darüber hinaus und reicht in die Gefühlswelt des Einzelnen hinein. So wird der Astralkörper aus all den Gedanken, Emotionen und Wünschen gebildet, die wir in unserem Geist beherbergen.

All unser irdisches Streben, unsere bedeutsamen Erinnerungen und Herzenswünsche finden im Astralkörper ihren

Platz. Beim Tod verlässt dieser Körper die physische Ebene und geht in die Astralwelt ein.

Und so frage ich die Teilnehmer meiner Seminare immer wieder: »Warum fürchtet ihr euch so vor dem Tod? Wir sterben doch jede Nacht!« In Wahrheit nämlich verlässt der Astralkörper im Schlaf den physischen Körper, um in die Astralwelt zu reisen. Auch Astralreisen funktionieren auf diese Weise, nur dass der Astralkörper in diesem Fall den physischen Körper willentlich verlässt. Wenn ich also sage: »Wir sterben jede Nacht«, heißt das, dass wir im Schlaf unseren physischen Körper ebenso verlassen wie zum Zeitpunkt unseres Todes. Zu einer spontanen Loslösung des Astralkörpers kommt es auch bei Unfällen, unter dem Einfluss von Drogen oder wenn ein Mensch ins Koma fällt. Wer ohne Bewusstsein ist, treibt aller Wahrscheinlichkeit nach in den astralen Welten.

Oftmals arbeitet die Seele auf der astralen Ebene, während der physische Körper ruht. Auch bin ich davon überzeugt, dass, während ich arbeite, ein Teil meines Astralkörpers meinen physischen Körper verlässt und in die Astralwelt eingeht. Dies erklärt, warum ich die starken Emotionen und Wünsche der Verstorbenen empfangen kann.

Der Mentalkörper

So wie der Astralkörper für die Emotionen des Menschen zuständig ist, ist der Mentalkörper mit seinen Gedanken befasst. Er besteht aus einer noch feineren ätherischen Substanz als dieser und dehnt sich ab Hüfthöhe nach oben und zu den Seiten hin aus.

Man geht davon aus, dass der Mentalkörper für die Übertragung von hohen mentalen Schwingungen verantwortlich ist, die für die anderen Körper zu subtil sind. Dort werden diese erhabenen, spirituellen Energien in übersinnliche Informationen umgesetzt, die wir als Inspiration, sechsten Sinn oder Ahnung erleben. Der Mentalkörper wird meist in zwei Ebenen unterteilt: der höhere Geist, der sich aus den vom universellen Geist ausgesandten Gedanken sowie spirituellen Vorstellungen, höheren Wahrheiten und abstrakten Begriffen speist; und der niedere Geist, der mit Gedanken an materielle und alltägliche Dinge befasst ist.

Ich glaube, dass sich bei Menschen, die wir als genial oder auch hoch intelligent bezeichnen, der Mentalkörper durch die Erfahrungen und das bewusste Erleben vieler Inkarnationen entwickelt hat. Die Seele erkennt dieses Maß an Meisterschaft und setzt dieses Bewusstsein in hochfliegende mentale Konzepte und Visionen um. So haben Wissenschaftler, Philosophen und Lehrer offenbar die Fähigkeit, in solch außergewöhnlichen Kontakt zu ihrem Mentalkörper zu treten und damit viel Gutes für andere zu bewirken.

Behalten wir im Gedächtnis, dass wir während unseres gesamten irdischen Lebens gleichzeitig in den emotionalen, mentalen und spirituellen Körpern residieren. Diese sind miteinander verwoben und voneinander abhängig, und erst ihr Zusammenspiel macht uns zu ganzheitlichen Wesen. Wenn wir beginnen, die Gesamtheit unseres Seins zu erfassen, können wir leichter verstehen, dass wir mit dem Tod nur unsere verschiedenen Körper abstreifen, um in höhere Welten aufsteigen zu können. Auf diese Tatsache werde ich in den nächsten Kapiteln noch näher eingehen.

4

Tod – der Heimweg

> Ich schickte meine Seele durch das Unsichtbare,
> um mir Kunde von jenem Leben nach dem Tod
> zu bringen.
> Bald darauf kehrte sie zu mir zurück
> und antwortete: »Ich selbst bin Himmel
> und Hölle.«
>
> OMAR KHAYYAM,
> *Rubaiyat*

»Was genau geschieht, wenn wir sterben?« Dies ist die Frage, die mir in all den vielen Jahren meiner Arbeit als Medium am häufigsten gestellt wurde. Leider kann ich keine endgültige Antwort darauf geben, weil die Erfahrung des Todes ebenso individuell ist wie die Erfahrung des Lebens. Und obwohl Geistwesen verschiedentlich versucht haben, ihren Fragestellern eine zufrieden stellende Auskunft zu geben, ist der Tod etwas so Unfassbares, dass es sich nicht mit unserem begrenzten Sprachschatz beschreiben und mit unserer endlichen Intelligenz begreifen lässt. Wie können wir etwas verstehen, das außerhalb unseres menschlichen Fassungsvermögens liegt? Selbst das begabteste Medium kann bestenfalls hoffen, all die Gefühle exakt wiederzugeben, die ein Verstorbener vom Prozess des Sterbens übermitteln will.

Religiöse Glaubenssätze und gesellschaftliche Verhaltensnormen haben in uns eine derartige Voreingenommenheit gegenüber dem Tod entstehen lassen, dass wir kaum Zugang zu einem wahren Verständnis finden können. Er ist schon immer eines der größten Geheimnisse gewesen. Über das, was wirklich geschieht, können wir nur spekulieren, lesen, beten und theoretisieren. Wirklich wissen werden wir es erst, wenn wir es selbst erleben.

Während ich dieses Kapitel schreibe, fallen mir all die vielen Séancen ein, die ich im Laufe der Jahre durchgeführt habe, und ich erinnere mich an unzählige Einzelheiten aus den Jenseitsbotschaften hunderter Verstorbener. Was ich Ihnen im Folgenden vermitteln will, ist gewissermaßen das Destillat all der auf diese Weise gewonnenen Einsichten in Kombination mit den vielen Informationen, die ich aus der internationalen Literatur und Presse sowie anderen einschlägigen Materialien bezogen habe. Es ist die ehrlichste und objektivste Darstellung der Todeserfahrung, zu der ich in der Lage bin.

Die Angst vor dem Sterben

Warum hat der Mensch solche Angst vor dem Sterben? Diese Frage ist leicht zu beantworten: Es ist eine unbekannte Erfahrung. Den meisten von uns fällt es schwer, über den Tod zu reden, und noch viel schwerer, sich mit der Aussicht auseinander zu setzen, dass sie selbst eines Tages tot sein werden. Bisher haben sich nur wenige die Zeit genommen, sich intensiver mit diesem Vorgang zu befassen. In den vergangenen Jahren traten jedoch vermehrt Menschen an die Öffentlichkeit, die so genannte Nahtoderfahrungen gemacht hatten und nun von ihrem Sterbeerlebnis berichteten. Es gibt eine ganze Reihe von guten Büchern zu diesem Thema, insbesondere *Life After Life (»Leben nach dem Tod«, Reinbek)* von Dr. Raymond Moody. Die in solchen Werken beschriebenen Erfahrungen decken sich in vielerlei Hinsicht: Der Weg durch den Tunnel, das Wiedersehen mit einem geliebten Menschen, das Auftauchen eines hellen Lichts oder die Begegnung mit einem Geistwesen – all das sind Dinge, wie sie auch von den Wesenheiten beschrieben werden, mit denen ich bei meinen Readings in Kontakt kam. Den Berichten zufolge, sind Nahtoderlebnisse im Allgemeinen von einem Gefühl des Friedens und der Gewissheit begleitet, dass der Tod nicht »das Ende« sei. Das Sterben ist nichts als ein natürlicher, im Augenblick der Geburt einsetzender und tagtäglich fortschreitender Lebensprozess. Auf der physischen Ebene unterliegt jede Zelle einem permanenten Verfallsprozess: Sie degeneriert, stirbt und wird erneuert, ohne dass wir uns große Gedanken darüber machen. Und wie in Kapitel 3 erwähnt, »sterben« wir jede Nacht, wenn wir einschlafen. In diesem Augenblick nämlich verlässt unser Bewusstsein den physischen Körper, um in die Astralwelt zu reisen. Wenn wir am nächsten Morgen zurückkehren, bringen wir die Erinnerung an unsere Reisen und Begegnungen in Form von Träumen zurück. Womöglich begreifen wir nicht, was wir da geträumt haben oder was im Schlaf an uns herangedrungen ist, aber das ist nicht wichtig. Das Leben nimmt seinen Lauf, ob wir es nun verstehen oder nicht.

Was also geschieht, wenn wir sterben? Die wichtigste Erkenntnis, die mir aus dem Jenseits übermittelt wurde, lautet:

*Im Augenblick des Todes wird uns bewusst,
dass wir mehr sind als nur ein physischer Leib.*

Die Verstorbenen spüren sofort, dass die Physis nur einen kleinen, untergeordneten Teil ihres Seins ausmacht und dass sie Teil alles Seienden sind. In diesem Augenblick begreift der Geist, wie er sich in das große, komplexe Puzzle des Universums einfügt und welche Rolle er genau darin spielt. Er tritt mit dem Gesamtbild in Beziehung und braucht sich nicht mehr mit anderen auseinander zu setzen oder sich von ihnen abzugrenzen. Er sieht Gott in allem, was ist.

Viele Geistwesen haben mir zu verstehen gegeben, dass der Tod selbst leicht, das Sterben aber schwer war. Menschen, die an einer schrecklichen Krankheit wie Krebs oder Aids leiden, erleben unendliche Qualen, während sich die betroffenen physischen Organe nach und nach zersetzen. Nur langsam weicht das Prana, der Atem des Lebens, aus dem Körper. Dies kann sehr schmerzvoll sein. Wenn aber der Tod kommt, gibt es *keine* Schmerzen und kein Leid mehr. Schmerz ist eine *physische* Erfahrung, die an den physischen Körper gebunden ist. Mag sein, dass die Erinnerung daran im Mentalkörper eines Geistwesens erhalten bleibt – aber dies ist nur eine Erinnerung; das Gefühl selbst ist vorüber und wirkt sich nicht länger auf die Gesundheit und das Wohlbefinden des Geistkörpers aus.

Der Prozess des Sterbens

Wie wir alle wissen, gibt es verschiedene Arten zu sterben – oder, um es korrekter auszudrücken, den physischen Körper zu verlassen. Aber wie sich der Übergang auch immer gestalten mag, der Mensch durchläuft dabei eindeutig eine physiologische und chemische Veränderung. Unmittelbar mit dem Einsetzen des Todes wird der Geistkörper von einer ätherischen Hülle beziehungsweise von seinem Körperduplikat umschlossen. Darin verweilt der Geist für kurze Zeit, bevor er auch diese Hülle ablegt. Dies geschieht in dem Augenblick, in dem der Geist den physischen Körper definitiv verlässt. Sobald der Geist den Ätherkörper hinter sich lässt, übernimmt der Astralkörper die Führung. In dieser astralen Form kann der Geist in die subtileren Energien der Astralwelt vordringen. Auf welche Weise der Tod auch immer eintreten mag, dieser Prozess ist immer der gleiche.

Geistwesen haben vielfach beschrieben, wie »normal« sie sich beim Eintritt des Todes fühlten; manche bemerkten noch nicht einmal, dass sie gegangen waren. In diesem Zusammenhang fällt mir der Fall einer Mutter und ihrer Tochter ein, für die ich einmal ein Reading gehalten habe. Die Mutter hatte Krebs und lag im Sterben. Ihre Tochter wollte sie beruhigen und ihr das Gefühl vermitteln, dass sie beim Dahinscheiden keine Schmerzen durchleiden müsste. Die Sitzung war außerordentlich erfolgreich. Mehrere Geistwesen, darunter der verstorbene zweite Ehemann der Frau, meldeten sich und sagten: »Mach dir keine Sorgen. Wenn die Zeit kommt, wirst du es als ganz normal erleben.« Drei Wochen später verschied die Frau im Schlaf. Einige Monate danach kam die Tochter erneut zu mir in die Praxis. Es kam ein Kontakt zu ihrer Mutter zustande, und diese drückte ihrer Tochter und mir ihre große Dankbarkeit dafür aus, dass wir ihr geholfen hatten, sich ein Bild vom Tod zu machen. Sie sagte: »Es war genau, wie es alle beschrieben haben – ganz leicht und friedlich.«

Was ich hier skizziert habe, soll Ihnen eine allgemeine Vorstellung vom Sterben geben. Doch nun will ich den Prozess Schritt für Schritt erläutern.

Der natürliche Tod

Menschen, die eines natürlichen Todes sterben oder sich infolge einer Krankheit des herannahenden Todes bewusst sind, erleben einen für solche Fälle typischen Übergang. Einige Tage vor ihrem Dahinscheiden weitet oder verstärkt sich allmählich ihr Bewusstsein. Sie erleben eine Art Schärfung der Sinne, besonders des Hörens und Sehens. Viele berichten von einem so genannten Flashback, einer blitzartigen Rückschau, bei der sie jede Station ihres Lebens noch einmal klar und deutlich vor sich sehen und die damit einhergehenden Gefühle durchleben. Dabei sind sie erstmals in der Lage, den Grund für die einzelnen Lebenserfahrungen voll und ganz zu begreifen. In dieser Phase der Rückschau erfolgt über die spirituelle Ebene eine Art Selbstbeurteilung. Wenn ich hier von Beurteilung spreche, geht es nicht darum, zwischen Himmel und Hölle wählen zu müssen. Vielmehr wird der Geist sich seiner Taten durch und durch bewusst und erlangt ein feines Gespür dafür, wie gut oder schlecht er mit anderen umgegangen ist. Es wird ihm klar, wie er es hätte »richtig« machen können. Hoffentlich sieht er dabei auch all das Gute, das er für andere getan hat. Dieser Lebensrückblick dauert nur wenige Sekunden lang und geht als integraler Bestandteil in die geistige Matrix des Betreffenden ein.

Etwa um die gleiche Zeit nimmt der Sterbende die Gegenwart lang verschiedener Verwandter oder guter Freunde wahr. Womöglich stehen sie neben seinem Bett. Diese Geistwesen sind gekommen, um über ihm zu wachen oder zu ihm zu sprechen. Immer wieder geschieht es, dass ein Sterbender plötzlich nach einem Verstorbenen ruft oder eine entsprechende Szene beschreibt. Als Thomas Edison kurz vor seinem Tod im Koma lag, wachte er plötzlich auf, sah sich um und meinte: »Es ist da drüben sehr schön.«

Unmittelbar vor dem Ende erlebt der Sterbende oft ein deutliches Nachlassen, wenn nicht gar völliges Verschwinden seiner körperlichen Schmerzen. Er fällt entweder langsam ins Koma oder bleibt bis zum letzten Augenblick bei vollem Bewusstsein. In letzterem Fall spürt er womöglich ein Gefühl der Kälte in den Gliedmaßen, während sich der Kreislauf verlangsamt und die Gotteskraft nach und nach aus dem Körper weicht. Im weiteren Verlauf kann sich ein leichtes Zittern oder Kribbeln einstellen. Es wird durch die schrittweise Loslösung der ätherischen Schnüre vom physischen Leib ausgelöst, mit der die Abtrennung des Körperduplikats vorbereitet wird. Im Augenblick des Todes kommt die Atmung zum Erliegen und die Seele verlässt den Körper. Gleichzeitig wird die »silberne Schnur« durchtrennt – jene ätherische Verbindung, über die der Geist während seiner Existenz im physischen Körper Nahrung erhält. Jetzt endlich ist der Geist frei!

Selbstmord

Durch einen Suizid kann der Geist *keinen* Schaden nehmen. Wer diese Welt mit gewaltsamen Mitteln vorzeitig verlässt, kann zwar seinen Körper, nicht aber seine Seele zerstören. Der Geist bleibt sehr wohl lebendig! Und die Probleme, die den Betreffenden zu seiner Tat getrieben haben, bleiben zudem als prägendes Element in der mentalen und emotionalen Matrix seiner Seele erhalten.

Begreift der Verstorbene, was er getan hat, ergreift ihn in der Regel ein Gefühl tiefer Reue, und er verfällt in Depressionen. Ich bin überzeugt, dass viele dieser gequälten Seelen mental und/oder emotional krank sind. Wer während seines irdischen Daseins auf diese Weise beeinträchtigt war, braucht in der geistigen Welt ein hohes Maß an Mitgefühl und Verständnis. Dies gilt ebenso für Alkoholiker oder Drogensüchtige. Das Maß an Bedürftigkeit nach Liebe und Zuwendung ist von Fall zu Fall verschieden. Oftmals muss im Leben nach dem Tod an süchtigen Seelen gearbeitet werden, da Sucht mit ins Jenseits hinübergenommen wird. Es möge der Hinweis genügen, dass spirituelle Lehrer und Heiler bereitstehen, um dem Verstorbenen seinen inneren Frieden zurückzugeben und sein Wohlbefinden wieder herzustellen – vorausgesetzt, die Seele ist bereit dazu.

Glücklicherweise können Gebete und liebevolle Gedanken von Angehörigen und Freunden auf der Erde solchen Seelen helfen, ihre aurische Atmosphäre von Depression und Qual zu reinigen und mit Heilung und Liebe zu erfüllen. Darum ist es so wichtig, für die Dahingeschiedenen zu beten. Mit der Zeit werden sich diese Seelen ihrer höheren geistigen Natur bewusst und fangen an, nach Auswegen aus ihrer Situation zu suchen. Im Jenseits gibt es viele Wesenheiten, deren ausschließliche Aufgabe es ist, diesen gefangenen Opfern zu helfen und sie in Bereiche zu geleiten, in denen ihre geschundene Seele Trost findet. In erster Linie müssen diese allerdings lernen, sich selbst zu verzeihen.

Plötzlicher oder unerwarteter Tod

Bei Tod durch Unfall, Gewalt oder Naturkatastrophen muss der Geist den Körper so schnell verlassen, dass er kaum mitbekommt, was eigentlich geschieht. Diese Art des Todes ist für ihn nicht mit physischen Schmerzen verbunden. In meiner umfangreichen Praxis ist es nie vorgekommen, dass ein Verstorbener etwa davon berichtet hätte, dass er während eines Autounfalls beim Aufprall auf die Windschutzscheibe oder während eines Erdbebens beim Begrabenwerden unter einer einstürzenden Mauer Schmerzen erlitten hätte. Bei dieser Art des Todes, so glaube ich, wird der Geist regelrecht aus dem Körper »herauskatapultiert«, so dass ihm keine Zeit bleibt, irgendeine Form von Leid zu registrieren. Bis er begreift, was mit ihm passiert ist, hat er den physischen Körper bereits verlassen.

Je nach Art des Übergangs verliert der Sterbende entweder das Bewusstsein, oder er stellt spontan fest, dass er außerhalb seines Körpers steht und auf seine leblose Gestalt herabblickt. Er fühlt sich immer noch absolut lebendig und hält sich weiterhin für ein physisches Wesen, bis die Erkenntnis zu ihm durchdringt, dass dies nicht mehr der Fall ist. Mal um Mal haben Verstorbene davon berichtet, wie sie vergeblich versuchten, die Menschen ringsum anzusprechen und wie sehr es sie irritierte, keine Antwort zu bekommen. Obwohl wir die Toten nicht hören können, bekommen sie ganz genau mit, was wir sagen und denken.

Unmittelbar nach dem Tod erscheint üblicherweise ein verstorbener Verwandter oder ein Geistführer, um den Dahingeschiedenen zu begrüßen und ihm dabei zu helfen, sich in der geistigen Welt einzugewöhnen. Bei einem plötzlichen oder gewaltsamen Tod kann es jedoch eine Weile dauern, bis dieser sein Los akzeptiert hat.

Gruppentod

Wenn mehrere Menschen gleichzeitig durch tragische Umstände wie einen Bombenangriff, einen Flugzeugabsturz oder eine Naturkatastrophe ums Leben kommen, verlassen sie die irdische Existenz gemeinsam als Seelengruppe. Sie erfüllen das, was gemeinhin als *Gruppenkarma* bezeichnet wird. Mit anderen Worten: Auf der spirituellen Ebene haben sich diese Menschen dazu entschlossen, zusammen zu sterben, um auf diese Weise eine gemeinsame karmische Schuld abzutragen. Ich weise ausdrücklich darauf hin, dass hier lediglich die spirituellen Implikationen solcher Ereignisse gemeint sind. Als Menschen fühlen wir natürlich mit den Hinterbliebenen, die solche tragischen Verluste zu beklagen haben. In Kapitel 7 werde ich erläutern, wie wir in der geistigen Welt solche Entscheidungen treffen, bevor wir wieder inkarnieren. Für den Moment möge uns die Erklärung genügen, dass derartige Tragödien Teil unseres spirituellen Schicksals auf Erden sind.

Stellt sich der Tod plötzlich und unerwartet ein, verlieren die Dahinscheidenden in der Regel das Bewusstsein, während sie schlagartig zum Verlassen des physischen Körpers gezwungen werden. *Schmerzen* empfinden sie dabei nicht. Der Geist ist aus dem physischen Körper gewichen, noch bevor dieser etwas spüren kann. Bitte glauben Sie mir, dass niemand, der auf diese Weise stirbt, irgendwelche Qualen durchleiden muss.

Weil diese Art des Todes ein Schockerlebnis darstellt und die Menschen nicht auf ihren Tod vorbereitet waren, kann es geschehen, dass ihr Geist am Ort des Geschehens verweilt und umherwandert, um herauszufinden, was eigentlich passiert ist. Der eine findet sich womöglich in einem Krankenhaus wieder; ein anderer meint vielleicht, dass er das Unglück überlebt habe und gar nicht gestorben sei. Bei tragischen Ereignissen dieser Größenordnung braucht die Seele meist Hilfe und Trost, um sich auf die spirituellen Gegebenheiten eines Lebens nach dem Tod einstellen zu können.

In dem Augenblick, in dem diese Seelen begreifen, was geschehen ist, und sie sich fragen, wie es nun weitergehen soll, taucht der Geistführer oder der verstorbene Angehörige auf, um sie abzuholen und in eine Art Empfangszone zu führen. Hier werden sie von speziell für den Umgang mit traumatisierten Seelen geschulten Führern erwartet, die sich ihrer annehmen und ihnen ihre Lage begreiflich machen. Manche Geistwesen verstehen die Umstände ihres Todes voll und ganz, und es fällt ihnen leicht, den Übergang zu schaffen. Andere hingegen brauchen mehr Unterstützung. Geistwesen, die sich mit schwierigen psychischen Situationen auskennen, helfen ihnen, sich mit ihrer neuen Existenz in der geistigen Welt abzufinden. Meist lösen sich die Probleme von allein, wenn das neu angekommene Geistwesen verstorbene Angehörige oder Freunde wieder sieht. Gemeinsame Erinnerungen an gute Zeiten helfen der Seele, die Gedanken an das Erlittene loszulassen.

Erdgebundene Wesenheiten

Hat der Geist sein physisches Vehikel abgestreift, wohnt er in dessen ätherischem Gegenstück. In diesem Stadium erfüllt ihn sogleich ein Gefühl der Ruhe und Freiheit. Zudem empfindet er sich als außerordentlich leicht und beschwingt, weil das Gewicht und die Schwere des physischen Körpers von ihm abgefallen sind. In dieser grauen, verschwommenen, ätherischen Hülle verweilt der Geist sehr kurze Zeit – vielleicht nur ein paar Augenblicke –, bevor er auch sie hinter sich lässt, um sich fortan in seiner astralen Form zu bewegen. Man könnte die ätherische Hülle als eine Art Brücke zwischen der physischen und der astralen Welt bezeichnen. In den meisten Fällen ist diese Übergangsphase nur von kurzer Dauer.

Wenn ein Verstorbener jedoch stark in seiner Familie verwurzelt ist und seinen Tod nicht akzeptieren will, dann können die irdischen Bindungen zur Falle werden. In diesem Fall verharrt der Geist ganz dicht bei dem leblosen Körper. Immer wieder versucht er vergeblich, mit seinen Angehörigen in Kontakt zu treten. Oft ist er sogar bei seiner eigenen Beerdigung zugegen. In vielen Fällen verhilft ihm dies zu der Erkenntnis, dass die Zeit seiner physischen Existenz abgelaufen ist. Dann ist er endlich bereit, den Weg in seine geistige Heimat anzutreten. Immer wieder aber kommt es vor, dass eine Seele »festsitzt« und zur »erdgebundenen Wesenheit« wird. Oft ist es das Glaubenssystem, dem ein Mensch zu Lebzeiten anhing, das ihn nach seinem Tod an der irdischen Ebene festhalten lässt. Lassen Sie mich erklären, was ich unter Glaubenssystem verstehe.

Es war einmal ein Mann namens Bill, der auf dem Planeten Erde lebte. Er war Agnostiker, das heißt er hatte keinen religiösen oder spirituellen Glauben. Er vertraute einzig und allein auf das, was er selbst erfahren hatte. Seine Einstellung lautete: »Wenn du stirbst, dann stirbst du. Aus, Amen!« Zu Lebzeiten gab es für Bill nur Dinge, die ihn wirklich interessierten: Er selbst und seine Besitztümer. Sein wichtigstes Ziel im Leben war es, möglichst viel Geld und materielle Güter anzuhäufen, selbst wenn dies auf Kosten anderer ging.

Eines Tages nun stirbt dieser Mann und erwacht im Jenseits. Schnell ist ihm klar, dass er nicht wirklich tot ist, sondern nur eine andere, leichtere Form angenommen hat. An seiner irdischen, materiell orientierten Geisteshaltung hat sich nichts geändert. Verzweifelt versucht er, seine Besitztümer fest zu halten, doch zu seinem Leidwesen gelingt es ihm nicht. Er begreift nicht, dass der ätherische, graue, trübe Nebel, in dem er sich bewegt, nur der Schatten seiner ehemaligen physischen Welt ist. Da ihm das nötige Bewusstsein und jegliche Vorbereitung fehlt, bleibt Bill auf Erden, geistert in seinem alten Haus herum und versucht, mit seinen Angehörigen Kontakt aufzunehmen. Dieser zwischenweltliche Zustand kann Stunden, Monate oder gar Jahre dauern, je nachdem, wann in Bill der Wunsch aufkommt, die Physis hinter sich zu lassen und den Weg in die astralen oder höheren Reiche anzutreten. Glücklicherweise muss keiner von uns diese Verstrickung auf der ätherischen Ebene erleben, solange wir eine Art des höheren spirituellen Bewusstseins pflegen.

Vor einigen Jahren bekam ich durch einen Freund hautnah mit, was es mit »erdgebundenen Wesenheiten« auf sich hat. Mike war Professor für Weltgeschichte. Er war derart rational eingestellt, dass ihn nichts, aber auch gar nichts von der Existenz einer geistigen Welt überzeugen konnte. Er wusste um meine Arbeit und nahm sogar an manchen meiner Séancen teil, aber er glaubte nichts von alledem, was er da erlebte. Selbst als ich ihm Botschaften von diversen verstorbenen Angehörigen überbrachte, blieb er skeptisch. Rückblickend weiß ich, dass er an den Séancen nur teilnahm, um mir einen Gefallen zu tun. Während wir miteinander befreundet waren, wurde bei Mike eine unheilbare Krankheit diagnostiziert, und er war ziemlich niedergeschlagen. Ich versicherte ihm immer wieder, dass das Leben nicht mit dem Tod ende, aber meine Worte vermochten nicht, ihn zu beruhigen. Mit der Zeit wurde er immer verbitterter und zog sich mehr und mehr zurück.

Mike verstarb schon bald, nachdem er seine Diagnose erhalten hatte. Zwei Tage nach seinem Übergang stattete er mir den ersten Besuch aus dem Jenseits ab. Es war früh am Morgen, und ich schreckte aus dem Schlaf hoch, als eine etwa einen Meter achtzig große, schimmernde ätherische Gestalt ans Fußende meines Bettes trat. Ich konnte kaum glauben, wie real Mike aussah. Sogar sein blondes Haar wirkte völlig natürlich. Er starrte mich an und fragte dann auf telepathischem Wege: »Bin ich tot?« Ich antwortete ihm in Gedanken: »Ja, Mike. Du bist gestorben.« Er bedankte sich und verschwand. Unmittelbar nachdem er gegangen war, nahm ich die Gegenwart einer in Stammesgewänder gehüllten afrikanischen Frau wahr. Instinktiv wusste ich, dass sie eine von Mikes geistigen Führern war. Ich hörte sie zu mir sagen:

»Danke. Er musste es von jemandem hören, den er kannte.«
Und dann verschwand auch sie im Äther.

Das Traurige an der Sache ist, dass unsere Welt eine Fülle von erdgebundenen Wesenheiten beherbergt. Manche, wie Mike, begreifen sofort ihre Verstricktheit; sie können sich schnell lösen und auf den Weg in die geistige Welt machen. Andere jedoch sind weniger begünstigt. Sie wandern als »Geister« durch die physische Welt und behelligen leicht beeinflussbare Gemüter unter den Lebenden. Sie sind zwischen der Welt des Fleisches und der Welt des Geistes gefangen. Leider sterben unsere restriktiven, starren Glaubenssysteme nicht mit ab, wenn wir den physischen Körper verlassen. Stattdessen finden wir unsere Überzeugungen im Jenseits nur noch bestätigt.

Auch wenn ein Mensch gewaltsam aus seinem Körper herauskatapultiert wird, kann er zur erdgebundenen Wesenheit werden. In diesem Fall verliert der Geist die Orientierung, weil ihn die Situation völlig unvorbereitet trifft und er nicht begreift, was geschehen ist. In solchen Fällen hält er so lange an seinen gewohnten Verhaltensweisen fest, bis er endlich erkennt, dass sein Körper tot und er ins Jenseits übergewechselt ist. Viele solcher Geistwesen berichten von dem Zorn, den sie über ihr plötzliches Dahinscheiden empfunden haben; manche hegen sogar Rachegefühle. Glücklicherweise gibt es Wesenheiten, deren Aufgabe es ist, diesen verlorenen Seelen beim Übergang in die höheren Welten behilflich zu sein.

Der Wechsel von der physischen zur spirituellen Ebene ist etwas Natürliches und Schmerzloses. Unsere Kultur hat dieses Ereignis jedoch mit solcher Angst belegt, dass niemand wirklich darauf vorbereitet ist. So bleiben manche Seelen in der irdischen Sphäre hängen, weil sie bei ihrer Ankunft im Jenseits schlichtweg nicht wissen, wo sie sind. Es ist darum umso wichtiger, das Phänomen des Todes zu verstehen, denn nur dann ist der Übergang leicht, sanft und vollkommen. Wir müssen nur begreifen, dass der Tod die Schwelle zum ewigen Leben und *nicht das Ende* ist.

5

Die geistigen Welten

> Darum hat unsere Seele
> In Zeiten ruhiger Witterung
> Selbst weit vom Landesinneren aus
> Sicht auf das unsterbliche Meer,
> Über das wir hergekommen sind,
> Und über das wir allzeit hingehen können.
> Und sie kann die Kinder am Strand spielen sehen,
> Und der unablässigen Brandung lauschen.
>
> WILLIAM WORDSWORTH,
> *Intimations of Immortality*
> (»Andeutungen von Unsterblichkeit«)

Wie der Dichter Wordsworth es so treffend beschreibt, befinden wir uns auf einer nimmer endenden Reise zwischen dem Hier und dem Himmel. Bevor wir zu einer großen Fahrt aufbrechen, spüren wir jedes Mal die Aufregung in Erwartung kommender Abenteuer. Wäre es nicht schön, auch der letzten Reise des Lebens so gespannt entgegenzusehen? Tatsächlich haben wir diese Reise schon oft unternommen und werden sie auch in Zukunft immer wieder antreten.

Verlässt ein Mensch die physische Welt, lässt er einen schweren, kompakten Körper zurück, der in einer ebenso schweren, kompakten Welt gelebt hat. Dieser Übergang ist etwa so, als würde man einen Wintermantel ablegen oder als würde eine Schlange sich häuten. Im Prinzip tun wir das Gleiche. Wenn wir sterben, brauchen wir unsere menschliche Form nicht mehr, und so lösen wir uns von ihr. Nichts geht verloren, außer dem physischen Körper. Die Seele bleibt unangetastet; der Astral-, der Mental- und der Geistkörper bleiben heil und lebendig. Ja, selbst unsere Persönlichkeit mit all ihren Gefühlen, Vorlieben, Abneigungen, Emotionen und Wünschen bleibt unverändert erhalten.

In eine neue Welt eingehen

Unabhängig davon, welchen spirituellen Entwicklungsprozess ein Mensch hinter sich gebracht hat, beginnt für ihn in der astralen Welt, die in vielerlei Hinsicht ebenso konkret und real wie die irdische ist, eine neue Existenz. Diese (für unsere physischen Augen) unsichtbare Sphäre durchdringt und umgibt die Erde, und sie besteht aus Schwingungen, die in einem Frequenzbereich jenseits des physischen Spektrums liegen. Sie enthält verschiedene Ebenen, die jeweils einer bestimmten ätherischen Frequenz entsprechen.

Die der physischen Welt am nächsten liegende astrale Ebene stellt eine Art Empfangsbereich dar. Sie ist aus zweierlei Gründen bedeutsam für alle neu ankommenden Seelen. Zum einen sind hier die irdischen Bedingungen weitestgehend nachempfunden. Als multidimensionale Existenzplattform birgt sie Wohnhäuser und andere Gebäude, Universitäten, Konzertsäle, Gärten, Seen und all das, was unser materiell orientierter Geist kennt. Dies lindert den Schock, den wir sonst beim Übergang aus der konkreten, physischen Welt erleiden könnten. Zum anderen ist dies ein Ort, in dem sich der Geist nach und nach auf das Leben nach dem Tod einstellen kann. Hier nämlich wird er nach und nach zu einer verfeinerten, vergeistigteren Existenzform hingeführt, denn irgendwann muss er seine irdischen Erinnerungsmuster, Verhaltensweisen und Wünsche ablegen.

Eine neu ankommende Seele bewegt sich jeweils zu der Ebene hin, die der Schwingung ihres Astralkörpers entspricht. Diesen Körper wird sie als äußerst real und konkret empfinden – ebenso real, wie sie ihren physischen Körper im Diesseits empfunden hat.

Eine Stimme aus dem Jenseits

Ich hatte vielfach Gelegenheit, von Verstorbenen Botschaften über die Bedingungen in der Astralwelt zu empfangen. Im Folgenden möchte ich ein wunderbares Beispiel eines solchen Readings wiedergeben. Es beschreibt auf anschauliche Weise, wie Geistwesen in jene Welt eingehen. Bitte bedenken Sie aber, dass sich, ebenso wie es verschiedene Todesarten gibt, auch die Ankunft unterschiedlich gestalten kann.

Eine junge Frau kam zu mir, um mit ihrer Mutter in Kontakt zu treten. Sie stand der ganzen Sache überaus skeptisch gegenüber, war aber beim Tod ihrer Mutter nicht zugegen gewesen und wollte nun eine Form des Beweises, dass es der Verstorbenen auch gut ging. Der Name der Mutter war Molly, und hier ihr Bericht von ihrer Ankunft in der geistigen Welt:

»Es fühlte sich alles unglaublich merkwürdig an. Ich kann es nur mit dem Gefühl vergleichen, das man hat, wenn man aus einem Traum erwacht. Ich fand mich in einer Art Krankenhaus wieder. Oder besser gesagt, es sah aus wie in einem Krankenhaus, aber die Atmosphäre war viel angenehmer und freundlicher. Ich wusste oder glaubte mich zu erinnern, dass ich auch vorher schon im Krankenhaus gewesen war, und ich hatte keine Luft bekommen. Dort aber war es trostlos und kalt gewesen, so ganz anders als hier. Ich fühlte mich nicht mehr krank, und ich brauchte auch keinen Sauerstoff mehr. Es ging mir hervorragend. Und ich fragte mich, wo ich wohl war. Als ich mich im Raum umschaute, sah ich andere Menschen in Betten liegen. Das sah alles ganz normal aus. Das ist das einzige Wort, das mir dafür einfällt: Es war normal.

Der Mann, der in dem Bett neben mir lag, meinte, dass er hoffe, tot zu sein, denn er wusste, dass er in einen Brand geraten war. Und ich hörte ihn sagen: ›Ich wette, wir sind im Himmel.‹

Dann kam eine Frau ins Zimmer und trat an mein Bett heran. Ihre Augen waren so ungewöhnlich blau, dass sie mir irgendwie irreal vorkamen, aber sie waren tatsächlich so. Sie drückte mir auf überaus innige Weise ihr Mitgefühl aus, jedoch ohne mit mir zu sprechen. Es war eine Art mentaler Telepathie, und doch konnte ich jedes ihrer Worte hören und verstehen. Anfangs kam mir das alles komisch vor, aber irgendetwas an ihr war mir auch sehr vertraut. Ich konnte nicht sagen, was es war. Doch kaum war mir dieser Gedanke durch den Sinn gegangen, hörte ich ihre Stimme in meinem Kopf.

›Ich bin's, Jennie. Wir haben als Kinder zusammen auf der Farm gespielt.‹

Ich konnte es erst gar nicht glauben, doch als ich mir noch einmal ihre Augen und ihr Lächeln anschaute, wusste ich, dass sie die Wahrheit sprach. Es war Jennie Gallagher. Als Kinder waren wir befreundet gewesen. Mir fiel ein, dass sie mit etwa acht Jahren an rheumatischem Fieber gestorben war.

»Wie kannst du hier sein? Ich dachte, du wärest tot!?«

Und sie teilte mir mental mit: ›Ja, ich bin tot. Und du bist es auch!‹ Einen Moment lang war ich schockiert. Dann erinnerte mich Jennie daran, wie nahe wir uns während unserer Kindheit gewesen waren und wie wütend und traurig mich ihr Tod gemacht hatte. Ich hatte sogar zu Gott gebetet, er möge mich doch zu Jennie in den Himmel holen.

›Erinnerst du dich noch an das Versprechen, das wir uns damals gegeben haben? Wer von uns zuerst in den Himmel kommt, wird den anderen begrüßen. Nun, hier bin ich!‹

Während sie mir dies sagte, schoss mir die Erinnerung blitzartig durch den Kopf, so als sei sie mir gerade selbst eingefallen, und auf einmal war ich von einem unendlichen Glücksgefühl erfüllt. In diesem Augenblick bat mich Jennie, ihr zu folgen.

›Und wohin gehen wir?‹

›Nach draußen zum Empfang.‹

Ich verstand nicht, warum. ›Ich bin doch krank!‹

Sie lachte. ›Das war doch alles nur in deinem Kopf! Du bist jetzt ein Geistwesen, und es geht dir gut.‹

Bevor ich weiter nachdenken konnte, war ich schon aus dem Bett und schwebte irgendwie nach vorne in den Eingangsbereich dieses krankenhausartigen Gebäudes. Es fiel mir auf, wie schön ich angezogen war, und Jennie meinte, sie sei es gewesen, die mit ihren Gedanken die Kleidung für mich ausgewählt habe.

›Wir machen hier alles mit unseren Gedanken‹, erklärte sie mir.

Ich folgte Jennie hinaus ins Freie. Vor uns lag ein herrlicher Park, und dort sah ich lauter schön gekleidete Menschen – es sah fast so aus wie bei einer Osterprozession.

›Es sind noch andere da, die dich sehen wollen‹, klärte Jennie mich auf. ›Ich bin bald wieder bei dir.‹

Langsam schritt ich die Treppe zu dem Park hinunter. Ich kann kaum beschreiben, wie schön es war – viel schöner als an einem herrlichen Frühlingstag. Es war einfach perfekt. Die Menschen strahlten, und ihre Freude übertrug sich auf mich. In den Gärten mit ihren wundervollen Springbrunnen spielten Kinder.

In diesem Augenblick fiel mein Blick auf ein junges Paar, das unten an der Treppe stand. Sie lächelten mich an. Auch diesmal glaubte ich, sie zu kennen, aber sie sahen ganz anders aus, als ich sie in Erinnerung hatte. Sie waren jung und vollkommen und wirkten überaus real. Je weiter ich die Stufen hinunterging und je näher ich ihnen kam, desto klarer erkannte ich sie wieder: Sie waren es wirklich – meine Mutter und mein Vater, Gertrude und Jed!

›Ich kann gar nicht glauben, dass ihr es seid‹, schluchzte ich vor Glück.

Meine Mutter streichelte mir über den Kopf. ›Es ist alles gut. Weine nicht. Du wirst sehen, wie real hier alles ist, wenn du dich erst einmal an deine geistige Form gewöhnt hast und nicht mehr mit deinem irdischen Geist denkst.‹

›Warum seid ihr so jung?‹, fragte ich.

Und sie erklärte mir: ›Beim Übergang in die geistige Dimension kannst du das Aussehen und Alter annehmen, mit dem du dich am wohlsten fühlst. Und wir haben uns für die Phase um die dreißig entschieden, weil es uns da besonders gut ging.‹

Wir redeten noch eine ganze Weile miteinander. Ich fühlte mich so wohl! Und auf einmal entdeckte ich noch andere Familienmitglieder: meinen Bruder Barney, meine Großeltern, meine Tante und Jim, meinen Lieblingsonkel. Er hatte mir auf der Farm das Reiten beigebracht. Sie wirkten alle so überaus lebendig. Und immer wieder sagten sie mir, ich solle mich jetzt ausruhen und ein Leben frei von allen irdischen Krankheiten und Sorgen genießen.

Ich erinnere mich noch gut daran, wie ich staunend immer wieder den einen Satz zu ihnen sagte: ›Es wirkt alles so real, so unglaublich real!‹

Nach einer Weile dann führte mich meine Mutter in ihr Haus, damit ich mich dort ausruhen könnte. Es sah exakt so aus wie das, in dem ich aufgewachsen war – bis hin zu den Küchenvorhängen, die zum Fenster hinauswehten. Und in meinem Zimmer stand noch das alte Himmelbett, das mein Vater mir damals gebaut hatte. Ich ließ mich in die Kissen sinken und fiel in den allertiefsten, friedlichsten Schlaf. Und mein letzter Gedanke vor dem Einschlafen war: ›Jetzt weiß ich endlich, was es bedeutet, wenn man *Willkommen daheim!* zu jemandem sagt.‹«

Diese unglaubliche Sitzung dauerte zwei Stunden lang. Ich hielt noch einen Moment inne, um meinen Geistführern zu danken, und dann sah ich zu Mollys Tochter hinüber. Sie saß ganz still da, und Tränen liefen ihr übers Gesicht.

Und sie flüsterte: »Das war sie. Das war meine Mutter. Sie hatte wirklich eine Freundin, die Jennie hieß. Sie hat mir von ihr erzählt. Und auch die Namen ihrer Eltern stimmen. Und dass sie ihren Onkel Jim so gern gemocht hat. Sie hat mir Geschichten davon erzählt, wie er ihr damals das Reiten beigebracht hatte. Jetzt weiß ich, dass das alles stimmt! Letzte

Woche habe ich davon geträumt, wie meine Mutter in ihrem Himmelbett schlief. Ich habe sogar ein Foto von ihr, wie sie neben dem Bett steht. Mein Großvater hat es für sie gebaut. Ich bin ja so froh, dass es ihr gut geht und dass sie jetzt zu Hause ist.«

Die junge Frau wischte sich die Tränen und umarmte mich vor Dankbarkeit.

Die Astralwelt

Die astrale Welt, die Mollys Mutter beschrieben hat, wird manchmal auch *Sommerland* genannt. Sie ist in vielerlei Hinsicht ebenso konkret wie die physische, wenngleich ihre Energien leicht und flüchtig sind. Wenn eine individuelle Seele auf die astrale Existenzebene überwechselt, dann tut sie dies in ihrem Astralkörper. Dieser ist wie der Ätherkörper, der beim Tod abgelegt wurde, eine exakte Kopie des physischen Körpers mit Armen, Beinen, Fingern, Zehen und so weiter, jedoch mit einem wesentlichen Unterschied: Er ist frei von Krankheiten oder Gebrechen. Wenn jemand beispielsweise im Diesseits blind oder taub ist, im Rollstuhl sitzt oder an einer schrecklichen, den Körper dauerhaft entstellenden Krankheit leidet, nimmt er diese Beeinträchtigungen nicht in die spirituellen Welten mit. Ob jemandem bei einer Explosion ein Arm oder Bein abgerissen wurde oder der Körper bei einem Unglück oder im Krieg völlig verwüstet wurde – in der astralen Welt kommt er völlig intakt an. Solche Beschädigungen sind ausschließlich ein Phänomen des physischen Körpers in der physischen Welt. Am Geistkörper und in der geistigen Welt haben sie keinerlei Bestand.

> *Der Geistkörper ist ganz und vollkommen
> und kann weder zerstört noch verletzt werden!*

Obwohl der Geistkörper das Jenseits in vollkommenem Zustand erreicht, bleibt unsere Persönlichkeit mit all ihren Erinnerungen, Vorurteilen, Sehnsüchten und Empfindlichkeiten unverändert erhalten. Ja, unsere ganze Art zu denken und zu fühlen bleibt so, wie sie ist. Alles, was wir je in der physischen Welt erlebt haben, bleibt in unserem Seelenmuster eingraviert. Dies entbehrt nicht einer gewissen Ironie, betreiben wir doch auf Erden enormen Aufwand, um unseren Körper gut aussehen zu lassen, während wir für die eigentlich wichtigen Dinge – wie uns selbst treu zu bleiben und etwas für unsere Beziehungen zu tun – kaum Zeit erübrigen. Und wenn wir gestorben sind, ist die ganze Mühe, die wir uns mit unserem Körper gegeben haben, umsonst gewesen, weil wir dort sowieso gut aussehen. All die Probleme und Unsicherheiten aber, denen wir mit dem Tod zu entrinnen glauben, bleiben uns erhalten.

Eine neu ankommende Seele findet sich jeweils auf der geistigen Ebene wieder, die den von ihr selbst während ihres Erdendaseins herausgebildeten Charaktereigenschaften und irdischen Erfahrungen entspricht. Mit anderen Worten: Die Seele kehrt in den Seinszustand ein, der ihre eigenen Interessen widerspiegelt. Seelen mit übereinstimmenden Interessen finden sich auf einer ähnlichen geistigen Ebene wieder.

Irdische Illusionen

Eines der ersten Erleuchtungserlebnisse, das einem Geistwesen bei Eintritt in die Astralwelt zuteil wird, ist das der Zeitlosigkeit.

> *In der geistigen Welt gibt es keine Zeit.*

Da aber der Geist im Diesseits ständig unter dem Einfluss von Uhren und Kalendern gestanden hat, ist die Erinnerung an die Zeit so sehr in seinem Denken verankert, dass es nur natürlich ist, wenn er sich immer wieder fragt: Welcher Tag ist heute eigentlich? Er mag den Eindruck haben, den physischen Körper erst vor wenigen Augenblicken abgestreift zu haben, während nach irdischen Maßstäben bereits drei Tage vergangen sind. Das Erkennen dieser Diskrepanz führt letztlich dazu, dass der Geist begreift, dass die irdischen Beschränkungen keine Gültigkeit mehr für ihn haben. Im Jenseits wird Zeit nicht nach dem Stand von Sonne und Sternen gemessen, sondern durch die Teilhabe an Erfahrungen. Der Geist hat im wahrsten Sinne des Wortes alle Zeit, die er braucht; sein Augenmerk liegt eher darauf, was er tun möchte, als darauf, wie lange er braucht, um es zu tun.

Gleichermaßen verunsichernd ist für Neuankömmlinge im Jenseits, dass in der astralen Welt irdische Gesetze und Beschränkungen wie Schwerkraft, Klang und Geschwindigkeit fehlen. Sehr schnell merken sie, dass sie nicht auf eine bestimmte Welt festgelegt sind. Von der vierten Dimension an können Geistwesen gleichzeitig an mehreren Orten sein;

um von einer Stelle zur anderen zu gelangen, müssen sie sich ihr Ziel nur vorstellen. Sie brauchen nicht zu sprechen, weil sie Gedanken lesen können. Auch im Jenseits ist unser Umfeld das Produkt unserer Gedanken.

Wenn ein Familienmitglied stirbt, glauben die Hinterbliebenen oft, dass es im Jenseits in den gesamten Schöpfungsplan eingeweiht wird, und sie erwarten, dass der Betreffende ihnen sämtliche Geheimnisse des Himmels offenbaren könnte. Immer wieder werde ich gefragt: »Warum kann mir ein Verstorbener nicht alle Fragen beantworten?« oder »Wenn sie mich liebt, dann würde sie mir sicher helfen.« In Wahrheit aber lieben uns die Geistwesen viel zu sehr, um uns alle Antworten zu liefern. Sie wissen, dass der Mensch seine Erfahrungen ohne jenseitige Hilfe machen muss, um wachsen und sich weiterentwickeln zu können. Sie werden uns nicht an unserem spirituellen Weiterkommen hindern, indem sie uns Geheimnisse verraten, so dass wir es nicht mehr nötig haben, bestimmte Situationen selbst zu bewältigen. Wir müssen uns unseren Herausforderungen stellen, um Weisheit zu erlangen und über uns selbst hinauszuwachsen.

Eine gerade im Jenseits eingetroffene Seele gewinnt zwar an Wachheit und Bewusstheit, ihr Wissen aber ist auf die spirituelle Ebene beschränkt, auf der sie sich befindet. Die Erweiterung ihres Bewusstseins führt sie in erster Linie zu einer umfassenderen Wahrnehmung des harmonischen Alleins-Seins. Sie erkennt, dass sie über etwas verfügt, das sie mit jeder anderen Lebensform verbindet. Dieses Etwas, das alles möglich macht, ist das unverrückbare, unvergängliche Element der *Liebe*.

Zeit zum Nachdenken

Neben diesem Gefühl von Einheit wird sich der Geist seiner ganzen Seelenstruktur bewusst. Er kennt bis ins Detail die gesamte Geschichte all seiner Inkarnationen sowie der darin gemachten Erfahrungen. Irgendwann ist der Zeitpunkt gekommen, an dem er seine soeben beendete Lebensspanne noch einmal Erlebnis für Erlebnis, Augenblick für Augenblick Revue passieren lässt und überdenkt. Er geht jedem Gedanken, jedem Gefühl und jeder Handlung nach und prüft, was davon zu seiner seelischen Entwicklung beigetragen hat und was eher hinderlich war. Mit anderen Worten: Er zieht Bilanz und prüft, inwieweit er die Ziele seines ursprünglichen Seelenplans erfüllt hat.

Im Zuge dieser Bewertung könnte eine Seele zu dem Schluss gelangen, dass sie sich – um ein höchstmögliches Maß an Weisheit aus einer bestimmten Erfahrung zu ziehen – in einer weiteren irdischen Existenz noch einmal in eine ähnliche Situation hineinbegeben muss. Dies leitet den so genannten karmischen Prozess ein, bei dem im Hinblick auf das spirituelle Wachstum des Einzelnen bestimmte Erfahrungen aus einem Leben ins nächste übertragen werden. Es geht dabei nicht um Strafe für vermeintliche Fehler, sondern lediglich um eine Bewertung der Erfahrungen aus spiritueller Sicht. Glaubt eine Seele, eine bestimmte Sache noch besser machen zu können, dann wird sie diese Chance nutzen. Der Geist ist sich seiner Unsterblichkeit bewusst. Er weiß, dass sämtliche Umstände der Vergangenheit und Zukunft von ihm selbst verursacht worden sind oder werden, und dass er allein die Verantwortung dafür trägt.

Die Welt, die wir uns schaffen

In unseren Köpfen hält sich die Vorstellung von einem Himmel voller geflügelter Engel, die Harfe spielen und auf Wolken dahinschweben. Dieses Bild aber ist ein reines Fantasiegebilde. Die Heimstatt des Geistes im Jenseits ist ein genaues Spiegelbild seiner positiven und/oder negativen Handlungen auf Erden. Nach einer ersten Eingewöhnungsphase wird die Seele nicht selten von einem geistigen Lehrer zu einer Art Besichtigungstour eingeladen, auf der sie die verschiedenen Ebenen und Ausdrucksformen des geistigen Lebens kennen lernt. Dabei erfährt sie, bis zu welcher seelischen Bewusstseinsstufe sie es bisher gebracht hat und welche Möglichkeiten ihr zur spirituellen Weiterentwicklung offen stehen. Die geistige Welt hat ebenso viele Ebenen wie es verschiedene Denkarten gibt. Immer wieder sage ich den Teilnehmern meiner Séancen: »Mit euren Gedanken, Worten und Taten schafft ihr euch euren Himmel oder eure Hölle selbst.« Was uns von außen begegnet, ist nur ein Abbild dessen, was in uns selbst vorgeht. Normale Menschen, die hier auf Erden ein würdiges Leben in gegenseitigem Respekt und Wohlgesonnenheit zu führen versuchen, brauchen sich keine Sorgen über ihr Leben im Jenseits zu machen. Sie werden sich auf eine wunderbare Ebene des grenzenlosen Friedens, der Freude und der Liebe begeben. Lassen Sie mich anhand der unzähligen Readings, die ich gemacht habe, folgendes Bild eines typischen Umfelds zeichnen, wie es ein durchschnittlicher, gutmütiger Mensch im Jenseits zu erwarten hat:

Würden Sie Ihre Augen im Jenseits aufschlagen, würde Ihnen zu allererst auffallen, wie unglaublich schön es ringsum ist. So weit der Blick reicht, sind herrliche, gepflegte Gärten voller leuchtend bunter Blumen zu sehen. Die intensiven Farben in der geistigen Welt reichen weit über unser natürliches, irdisches Spektrum hinaus. Hier ist alles buchstäblich »erleuchtet« und kristallklar. Bei dem Licht handelt es sich nicht um die Abstrahlung einer Sonne oder anderer Himmelskörper, sondern um *Astrallicht*, unter dessen Einwirkung sich die Farben verändern, um bestimmte Umweltformen zu akzentuieren. Da alles auf harmonische Weise miteinander verbunden ist, könnte man dieses überschäumende Leuchten fast für eine Reflexion des in jedem Geistwesen strahlenden Lichtes halten.

Als Nächstes würde Ihnen der Geruch auffallen. Die klare Atmosphäre und der süße Duft der vielen Blumen mischen sich zu einem einzigartigen Aroma. Viele Male haben mir Geistwesen davon berichtet, wie sich allein unter dem Einfluss dieses köstlichen Duftes ihre Sinne weiteten. Worte reichen nicht, um den unvergleichlichen Geruch und die Schönheit dieser himmlischen Sphären zu beschreiben. Es ist eine perfekte Welt voller smaragdfarbener Wiesen und majestätischer Wälder. Die prachtvollen Bäume brauchen weder Rückschnitt noch Pflege; nie fällt ein Blatt zu Boden. Alles ist so überaus lebendig und harmonisch mit allem anderen verbunden. Dies ist jener Ort des Himmels, an dem alles in Ordnung und im Einklang ist.

Inmitten all dieser Pracht gibt es so genannte Wissensschulen, die in Gebäuden von außergewöhnlicher Architektur untergebracht sind. Ihre für uns ungewohnten Materialien lassen sie transparent erscheinen und eigentümlich schimmern. Vielleicht haben sie für den Begriff *Himmelstür* Pate gestanden.

In diesen Prachtbauten findet jede erdenkliche Form der Unterweisung statt, ob in Kunst, Musik, Sprachen, Philosophie, Wissenschaften oder Theater. Jeder Raum hat hier sein eigenes *Gedankenfluidum*, das sich einerseits aus den Gefühlen der Wesen speist, die sich mit Begeisterung in ihr Wissensgebiet vertiefen, und andererseits aus der Liebe des Architekten, der sein ganzes Können in den Entwurf des Gebäudes einfließen ließ. Jeder Einzelne trägt den Zweck des Bauwerks und die Vision seines Erschaffers mit.

Sich eine Heimstatt bauen

Auf der astralen Ebene werden Sie sogar Gelegenheit haben, sich ein eigenes Zuhause zu errichten. Vielleicht wünschen Sie sich ein kleines Häuschen mit Garten irgendwo im Grünen, am Ufer eines leise dahinplätschernden Baches. Sie können es haben! Ob allein mit der Kraft Ihrer Gedanken oder unterstützt durch einen Architekten, können Sie sich Ihr eigenes Haus entwerfen. Meist errichten sich die Geistwesen eine exakte Replik ihrer irdischen Behausung, weil sie sich in der vertrauten Umgebung am wohlsten fühlen. Wenn jemand aber in einem Palast residieren möchte, so kann er diesen in seinem Bewusstsein erschaffen. Wer während seiner irdischen Existenz ein schwaches Selbstbewusstsein hatte oder sich ständig selbst bedauerte, wird sich jedoch im Himmel kaum ein Schloss bauen. Andererseits kann jemand, der auf der Erde ein großes Haus sein eigen nannte, im Jenseits etwas ganz anderes verwirklichen, das ihm eher entspricht, und womöglich gar in eine Blockhütte im Wald einziehen. Was auch immer auf dieser Ebene geschaffen wird, es ist durch und durch Reflexion und Abbild des individuellen Seelenmusters eines Menschen.

Die eigenen Wünsche ausleben

Beim Einzug in die Astralwelt haben wir unsere tiefsten Emotionen und Wünsche und unsere stärksten Vorlieben und Abneigungen mit im Gepäck. Solche Empfindungen bleiben auch auf dieser Ebene prägend, weil wir sie bislang noch nicht voll und ganz ausgelebt haben. So bekommen wir in der geistigen Welt endlich die Chance, all unsere Wunschträume in Erfüllung gehen zu lassen.

Stellen Sie sich einmal vor, Sie hätten immer gern gemalt, doch Ihnen fehlte das Talent dazu. In der Astralwelt können Sie endlich die Freude und Befriedigung erleben, die sich aus der Malerei schöpfen lässt. Vielleicht wollten Sie schon immer Kleider entwerfen oder Meisterkoch sein. Auch diese Wünsche können Sie sich hier erfüllen. Alles wird durch Gedanken erschaffen, und der Geist braucht bloß zu lernen, diesen Leben einzuhauchen, um seine Träume wahr werden zu lassen.

In der geistigen Welt können Sie Wünsche in Erfüllung gehen lassen, die Ihnen am Herzen liegen. Je tiefer ein solcher Wunsch in Ihnen verankert ist, desto länger werden Sie ihn in sich tragen – oder besser gesagt: desto länger brauchen Sie, um ihn loszulassen. Im Rahmen einer Fernsehsendung hielt ich einmal ein Reading für eine junge Frau im Publikum. Ihr Vater meldete sich, und sie fragte ihn, was er gerade mache. Er sagte, er sei beim Wetten auf dem Pferderennplatz und dass ihm das großen Spaß mache.

Der Moderator warf mir einen irritierten Blick zu und sagte: »Aber ich bitte Sie! Sie wollen uns doch nicht weismachen, dass es im Himmel Pferderennen gibt?!«

Doch ich entgegnete: »Nun, für diesen Mann ist das der Himmel. Er hat seine Freude daran!«

Die junge Frau aber war begeistert: »Typisch Papa! Er war jeden Samstag auf dem Rennplatz!«

Sie sehen also, dass die astrale Welt sich aufgrund dessen herausbildet, was wir uns ersehnen und zu brauchen glauben. Wünsche wie diese sind im niederen Teil unserer Persönlichkeit gespeichert. Sie gehören nicht zur erhabenen, spirituellen Seite unseres Seins. Erkennt der Geist, dass er keine derartigen Wünsche mehr braucht, fällt es ihm leicht, sie loszulassen. Die Astralwelt ist wie eine Entwöhnungsstation; sie hilft uns, uns von unseren irdischen emotionalen Sehnsüchten zu lösen.

Alte Gewohnheiten aufgeben

Bei unserem Eintritt in die geistige Welt bewahren wir uns nicht nur unsere Träume und Wünsche, sondern auch unsere alten Gewohnheiten. Da diese spezielle Sphäre in unmittelbarer Nähe der Erdatmosphäre liegt, bleibt unser Mental- und Emotionalkörper weiterhin im Bannkreis all dessen, was das irdische Leben ausmacht. Dementsprechend haben manche Geistwesen das Bedürfnis, ihre Gewohnheiten und Abhängigkeiten aufrechtzuerhalten. So kommt es beispielsweise häufig vor, dass jemand, der im Diesseits Kettenraucher war, seinem Laster auch im Jenseits frönt. Die Geistwesen materialisieren nicht nur Zigaretten, sondern auch Alkohol, Drogen oder ihr Lieblingsessen. Solche Gewohnheiten sind manchmal so stark, dass eine Seele sie so lange immer und immer wieder praktizieren muss, bis sie sie schließlich *überwunden* hat. Erkennt die Seele schließlich, dass Gewohnheiten ein Hemmschuh für das spirituelle Wachstum sind, kann sie die Spirale der Begierde durchbrechen und auf ihrem Entwicklungsweg voranschreiten.

Wie lange ein Geist in den einzelnen Ebenen der Astralwelt verweilt, ist von Fall zu Fall verschieden. Er bleibt so lange in der Sphäre, wie er eine energetische Affinität zu den Dingen verspürt, mit denen er sich kraft seiner Wünsche und Begierden umgeben hat. Diese astrale Klärungsphase, in der er sich von all dem alten Müll befreit, dient in erster Linie als Vorbereitung auf neue Möglichkeiten, die sich ihm bei späteren Inkarnationen bieten werden.

Das Land der Finsternis

Es ist unmöglich, all die verschiedenen Ebenen der Astralwelt im Einzelnen zu beschreiben, und so sei hier lediglich erwähnt, dass es auch weniger himmlische Sphären gibt. In einem Gesamtüberblick darf darum die Beschreibung jenes Extremzustands nicht fehlen, den wir gemeinhin als Hölle bezeichnen. Diese niedere Astralebene ist kein Ort der Schönheit und Güte; vielmehr handelt es sich um ein Umfeld, das durch die Gedanken, Worte und Taten jener erschaffen wurde, die während ihres irdischen Daseins Schmerz und Leid über die Welt gebracht haben. Jeder von uns wird einmal das ernten, was er gesät hat. Ausnahmen gibt es nicht. Wer auf Erden Ungerechtigkeit, Grausamkeit und Hass verbreitete, wird sich dereinst hier wiederfinden.

Diese niedere Ebene schwingt in einer sehr viel langsameren Frequenz als die höheren Regionen. Das Licht ist dämmrig, wenn nicht fast ganz erloschen. Die Atmosphäre hier gleicht einer Szene aus einem Dickens-Roman. Alles ist von einem üblen, unangenehmen Geruch durchdrungen. In einem endlosen Tanz der Ruhelosigkeit huschen Schattengestalten von Ort zu Ort. Für eine gequälte Seele auf der Flucht vor ihrer eigenen Niederträchtigkeit gibt es keinen sicheren Ort. Der Astralkörper eines in diesen Regionen weilenden Geistes sieht ganz anders aus als der in den himmlischen Sphären. Er ist oft deformiert oder unvollkommen und wirkt generell elend und zerschlagen. Die Wohnstätten auf dieser Ebene sind nicht aus Marmor und Stein gebaut, sondern aus verfaulendem Holz.

Geistwesen, die sich in diesem düsteren Reich wiederfinden, sind voller Hass, Bösartigkeit und Kontrollsucht. Sie unterliegen dem Einfluss der niedersten Elemente der physischen Welt. Hier wohnen die Mörder, Vergewaltiger, Diebe, Betrüger, Schwindler, Attentäter und anderen Übeltäter, die einem Mitmenschen auf irgendeine Weise Schaden zugefügt haben. Wir betrachten solche Zeitgenossen oft als verlorene Seelen, und auf gewisse Weise sind sie es auch, denn sie wandern ziellos umher und lauern einander auf. Eine Seele bleibt so lange in diesem dunklen Loch, bis sie ihre niedersten Begierden überwunden hat. Erst wenn sie spirituell erwacht, kann sie in die höheren Ebenen der Astralwelt aufsteigen. Rührt sich in einer solch verderbten Seele auch nur der kleinste Funken Selbstkritik, erscheint sofort ein Geistführer, um ihr zur Seite zu stehen. Niemand ist je wirklich verloren, denn jede Seele ist von Gotteskraft durchdrungen.

Es gibt viele weitere Orte der Düsternis, an denen Geistwesen wohnen. Sie mögen physisch nicht so abstoßend sein wie der oben beschriebene, und doch sind sie öde und freudlos. Wie die Hölle werden auch diese Bereiche von negativen Geisteshaltungen und der Finsternis spiritueller Unwissenheit geprägt.

Gleiches zieht Gleiches an

Der individuelle Geist ist wie ein Magnet, der Gleichgesinnte anzieht, und auch im Jenseits unterliegen wir alle dem universellen Gesetz der Affinität. Die Glaubenssätze und Einstellungen, die jemand im Diesseits pflegt, bleiben für ihn auch in der Astralwelt prägend.

Hier auf Erden werden wir mit Menschen mit den verschiedensten Idealen und Glaubenssystemen, wirtschaftlichen, rassischen und ethnischen Besonderheiten regelrecht »in einen Topf geworfen«. Überschreiten wir aber die Schwelle zum Jenseits, zieht es uns zu der Seinsebene hin, auf der jeder so denkt, handelt und lebt wie wir selbst. Darum werden wir nach unserem Tod Geistwesen begegnen, die einem ähnlichen Glaubenssystem wie wir selbst anhängen.

So werden sich beispielsweise Wissenschaftler, Mathematiker, Theoretiker und Philosophen auf einer gemeinsamen Geistesebene wiederfinden, denn diese ist ihre Welt. Menschen mit extremen religiösen Überzeugungen werden ihrerseits an einen Ort gelangen, wo sie mit ähnlich Denkenden zusammenkommen, die die Existenz aus einem vergleichbaren Blickwinkel betrachten. Gleichgesinnte werden sich im

Jenseits stets zusammenfinden. Für die meisten Menschen mag allein das eine himmlische Vorstellung sein.

Noch wichtiger aber erscheint mir, dass uns das universelle Gesetz der Affinität wieder mit den Menschen zusammenführt, die vor uns aus dieser Welt geschieden sind. Wir haben schon unendlich viel Zeit mit diesen Seelen verbracht und werden noch viele weitere Male mit ihnen zusammen sein. Wenn wir unseren Weg ins Jenseits antreten, warten sie auf uns, um uns bei der Hand zu nehmen und uns die grenzenlosen Möglichkeiten des Lebens in der geistigen Welt zu zeigen.

Manche verweilen nur kurz in der Astralwelt, andere – je nach ihrer Verstricktheit in physische Triebe – sehr viel länger. Sobald der Geist bereit ist, in höhere Sphären aufzusteigen, stirbt er gewissermaßen einen weiteren Tod und reist in seine neue spirituelle Heimat – an jenen Ort, den manche Himmel nennen.

6

Der sich entfaltende Geist

Ich höre über die Grenzen des Schalls hinweg.
Ich sehe über die Grenzen des Sichtbaren hinweg,
Neue Welten und Himmel und Meere ringsum,
Und in meinem Zenith verblasst das Licht
der Sonne.

HENRY DAVID THOREAU,
Inspiration

Oft werde ich gefragt, »Wie lange bleiben wir im Jenseits?« und: »Bleiben wir dort immer an ein und demselben Ort, oder gelangen wir in andere Dimensionen?« Wenn ein Geistwesen in seiner Entwicklung so weit vorangeschritten ist, dass es in höhere himmlische Welten aufsteigen konnte, erkenne ich das bei meinen Trancesitzungen an der Art und Weise, wie es mir seine Gedanken und Gefühle übermittelt. So kommt es immer wieder vor, dass ich einem Klienten sage: »Ich habe den Eindruck, dass dieser Mann schon seit mindestens zehn Jahren im Jenseits ist.« Oder: »Diese Frau ist gerade eben erst eingetroffen.« Der Unterschied liegt in der Klarheit – beziehungsweise mangelnden Klarheit – der Gedanken, die das Geistwesen aussendet, und in der Art von Emotionen, die sich hinter den Botschaften verbergen.

So wird ein Verstorbener, der gerade erst im Jenseits eingetroffen ist, seine Gefühle und Gedanken auf überaus eindringliche, emotionale Weise übermitteln. Seine Charakterzüge treten mit überraschender Deutlichkeit zu Tage, da er nach wie vor ausgesprochen »irdisch« denkt. Wer hingegen schon längere Zeit im Jenseits weilt, kommuniziert auf ganz andere Weise. Er wirkt meist überaus ruhig, und seine Gedanken sind glasklar und leicht zu verstehen. Auch sind die Botschaften, die er einem geliebten Menschen zukommen lässt, ausgesprochen ausgewogen und sinnträchtig für den Adressaten.

Die Astralwelt ist wie eine Zwischenstufe auf dem geistigen Entwicklungsweg – ein Ort, an dem alle niederen emotionalen Bedürfnisse bis zu deren Überwindung ausgelebt werden. In dem Maße, wie ein Geistwesen auf seiner Reise voranschreitet, verlieren irdische Träume und Sehnsüchte an Reiz und es öffnet sich mehr und mehr den höheren Aspekten seines Bewusstseins. Ist eine Seele zum Aufstieg bereit, streift sie die alten irdischen Erinnerungen und Denkmuster völlig ab.

Das höhere Leben

Dieses Loslassen von irdischen Mustern und niederen Aspekten des Emotionalkörpers verfeinert die Persönlichkeit und nimmt ihr mehr und mehr ihre Schwere. Während der alte Ballast in den unteren Regionen der Astralwelt zurückbleibt, um sich dort aufzulösen, stirbt der Geist quasi noch einmal, um auf seinem Weg voranzuschreiten. Der Hinduismus und der Spiritismus sprechen in der Tat vom *zweiten Tod*, wenn ein Geist seinen niederen Körper ablegt. Er ermöglicht es der Seele, in höhere spirituelle Sphären einzugehen und ein größeres Maß an Erleuchtung zu erlangen. Jetzt erst geht er in den wahren Himmel ein.

Dieser Himmel ist kein anderer Ort, denn in der geistigen Welt gibt es keine physischen Grenzen. Es gibt keine Geografie, wie wir sie hier auf Erden kennen. Die einzelnen Ebenen unterscheiden sich vielmehr durch ihre verschiedenen Frequenzen, und mit zunehmender Entwicklung strebt jedes Geistwesen zu immer höheren ätherischen Schwingungen hin. Je höher die Frequenz einer Sphäre, desto heller und klarer leuchtet dort das Licht. Wenn ich hier von Sphäre spreche, so meine ich damit einen *Bewusstseinszustand*. Hat ein Geistwesen diese höhere Frequenz erreicht, so schwingt es im Einklang mit der harmonischen göttlichen Essenz und spiegelt deren Herrlichkeit wider.

In den höheren Welten herrscht völlige geistige Übereinstimmung – es ist wie eine Symphonie einzelner Stimmen, die sich zu einem harmonischen Klangerlebnis ergänzen. Mancher Verstorbene wird hier mit Mitgliedern seiner irdischen Familie zusammengeführt. Andere begegnen aufgestiegenen Freunden oder Geliebten aus früheren Inkarnationen.

Es sind aber auch Geistwesen zugegen, die noch nie auf Erden waren, aber allen Übrigen wohl vertraut sind. Jedes Mitglied der Gruppe trägt auf seine Weise zur Erbauung und zum Wohlergehen der anderen bei, so dass sich ein Gefühl der Ganzheit und Vollkommenheit einstellt, sobald alle versammelt sind. Der übliche Begriff für diese Art von spiritueller Familie ist *Gruppenseele* oder *Seelengruppe*. Ihre Mitglieder bleiben durch karmische Verflechtungen und gemeinsame Vorlebenserfahrungen miteinander verbunden. Geistführer gehen ein Bündnis mit diesen Gruppen ein, und sie spielen eine bedeutsame Rolle im Leben eines jeden Geistwesens.

In dieser himmlischen Atmosphäre bedarf es keiner Übertragung von Gedanken oder Gefühlen, denn die Geistwesen des höheren Lichts verfügen über allumfassende Erkenntnis. In der Welt des Geistes ist es *nicht* möglich, die eigenen Gedanken oder Emotionen so wie auf der Erde für sich zu behalten. Was auch immer ein Geistwesen denkt, formiert sich zu einem nach außen hin strahlenden und für alle sichtbaren charakteristischen Lichtschein. Wer sich in dieser Bewusstseinsebene aufhält, der ist weit mehr als die Summe der von ihm früher verkörperten Persönlichkeit. Er ist ein vollkommenes, ganzheitliches Geistwesen, das all seine irdischen Erfahrungen und Charakterzüge in eine Einheit mit Gott eingebracht hat.

In den höheren himmlischen Gefilden ist alles bis zur elementarsten Form hin verfeinert. Das Licht aller Geistwesen verbindet sich mit dem göttlichen Licht, und alles erstrahlt in diesem Glanz. Dies erklärt, warum es nicht immer ganz einfach ist, von Geistwesen, die sich schon lange hier aufgehalten haben, konkrete Informationen zu erlangen. Sie haben keine Affinität mehr zum irdischen Bewusstsein.

Viele hoch entwickelte Seelen haben den Schleier des Jenseits durchbrochen, um den geliebten Menschen hier von der »Leichtigkeit« und »Fülle« jener Welt zu berichten, in der sie jetzt leben. Sie haben beschrieben, wie alles ringsum miteinander in Einklang ist und sich gegenseitig ergänzt; auf welch perfekte Weise Gedanken oder auch Musikklänge ausgetauscht werden, aus denen stets die ganze Fülle des göttlichen Lichts spricht.

Dies ist eine Welt der Herrlichkeit voll unermesslicher Schönheit und fantastischer Landschaften. Geistwesen *fühlen* mit jedem Grashalm, jedem Blatt, jeder Blüte und haben Anteil an deren Leben – eine himmlische Symphonie von perfekter Harmonie! Und die Musik ist nicht nur über das Gehör, sondern mit jedem Teil des Seins erfahrbar. Von allem geht ein leuchtendes Strahlen aus, und überall herrscht erfreuliche Ordnung und Einigkeit.

Selbst die Gebäude werden nur aus den allerreinsten Materialien errichtet, die der Geist in seiner höchsten Formvollendung erdacht und erschaffen hat. Die Bauten sind nicht fest und solide, sondern ätherisch, und sie schimmern im göttlichen Licht. Ihr Aussehen ist schwer zu beschreiben; am ehesten gleichen sie Hologrammen. Ein Geistwesen kann sich dazu entschließen, sich auf dieser Ebene ein eigenes Haus oder eine Wohnstätte zu errichten, doch wenn er es tut, so hat dies andere Gründe als auf der niederen Ebene, wo ein besonderes Bedürfnis oder der Wunsch zu repräsentieren den Ausschlag gibt. Hier entspringt alles Tun der puren Freude, und es sind reinste kreative Gedanken, die dabei zum Ausdruck des Göttlichen verschmelzen.

Ein Geistwesen kann auch in der höheren Welt ein »physisches« Äußeres annehmen. Tut es dies, entscheidet es sich womöglich gegen das Aussehen der letzten Inkarnation und wählt eines aus einer Inkarnation, die Hunderte Jahre zurückliegt. Doch wie dem auch sei – jede Form, die es wählt, ist vollkommen. Beschließt ein Geistwesen, Kleidung zu tragen, so lässt sich diese nicht mit der irdischen vergleichen. Es sind gleißend schimmernde Gewänder, die in Farbe und Leuchtkraft die innere Bewusstheit des Geistwesens widerspiegeln. Und ein solches Kleidungsstück wird in seiner

Wirkung eindeutig von der Helligkeit des inneren Lichts überstrahlt.

Eine heilende Atmosphäre

Nach dem Eintreten in die untere astrale Welt hat das Geistwesen Gelegenheit, seine niederen emotionalen Wünsche auszuleben. In den höheren Regionen hingegen kann es die feineren Eigenschaften seines Mentalkörpers einsetzen; auf dieser Stufe verbringt es einen Großteil seiner Zeit damit, Gedanken und Ideen zu durchdringen und nutzbar zu machen. Dies bringt das Geistwesen auf seinem eigenen Entwicklungsweg voran und trägt gleichzeitig zur Weitung des mentalen Horizonts anderer Wesen in niedrigeren Sphären beziehungsweise auf der Erde bei. Mir wurde das Privileg zuteil, Erfahrungsberichte von Geistwesen aus den höheren Welten empfangen zu dürfen. Die folgende Botschaft erreichte mich im Trancezustand während eines Aufenthalts in einem brasilianischen Heilungszentrum:

»Das Erste, was mir auffiel, waren die Gebäude. Sie erinnerten mich an eine Großstadt, aber nicht eine wie auf der Erde. Es war, als würde die Stadt durch die Baulichkeiten aufgewertet und nicht von ihnen erdrückt. Viele der Gebäude glichen sich in Form und Stil und ergänzten einander. Sie passten so gut zusammen, dass sich ein perfektes Gesamtbild ergab, fast so als würden sich lauter einzelne Puzzleteile genau ineinander fügen. Die Gebäude schienen aus diamant- oder perlmuttartigem Material zu bestehen, und ihre Farben leuchteten und verbanden sich auf überaus harmonische Weise. Je länger ich sie ansah, desto klarer wurde mir, dass das Licht Ausdruck der jeweiligen Funktion war, der die einzelnen Gebäude gewidmet waren.

Wie ich eines der Bauwerke betrachtete und überlegte, was wohl darin vor sich ging, fand ich mich unvermittelt in seinem Inneren wider. Das Licht war überwältigend. In einer Art Arena hatte sich eine große Gruppe von Seelen versammelt, die allesamt ihre Gedanken auf die Mitte des Raumes konzentrierten, wo eine in Schlaf versunkene Gestalt dalag. Mir wurde bewusst, dass dies ein Heilungszentrum war. Hier bedurfte es keiner Worte, denn wir alle konnten gegenseitig unsere Gedanken lesen. Bei näherem Hinsehen fiel mir ein wunderschönes violettes und weißes Licht auf, in das die schlafende Gestalt gehüllt war. Die hier versammelten Seelen schickten ihr göttliches Licht, um ihre Frequenz anzuheben und die dunklen Felder aufzuhellen, die sich durch krank machende Gedanken gebildet hatten. Ich erkannte, dass diese Gestalt ein Wesen von der Erde war, das hier während des Schlafs geheilt wurde. Die Seelen halfen ihm dabei, wieder Zugang zu dem Göttlichen in seinem Inneren zu erlangen. In diesem Augenblick wurde mir bewusst, dass in der geistigen Welt keiner je verloren ist – selbst jene nicht, die in den niederen Reichen der Finsternis und Unwissenheit wohnen und ihr eigenes Licht nicht sehen können. Ich wusste, dass die Seele, die dort inmitten der Arena lag, mit einem neuen, gesunden Bewusstsein ihrer selbst erwachen würde. Dabei wurde ihr nichts gegeben; die Seele wurde nur erweckt.

Auf einmal fragte ich mich, ob es in der geistigen Welt wohl auch Tiere gäbe, und meine Gedanken führten mich an einen Berghang. Hier sah ich mit an, wie wilde Tiere – Löwen und Tiger – Seite an Seite mit ihrer Beute lebten. Es sah aus wie auf einer Weihnachtspostkarte: Der Löwe, der friedlich neben dem Lamm schläft. Die blutrünstigsten Bestien waren so zahm und sanft wie die harmlosesten aller Tiere. Wie es in diesen Gefilden generell üblich ist, konnte ich auch ihre Gedanken lesen. Sie besagten, dass es an diesem Ort der vollkommenen Harmonie in der Natur keine Gewalt gab. Der Kampf ums Überleben kam in ihrem Bewusstsein nicht mehr vor. Ich wunderte mich, dass es hier keine Haustiere wie Katzen und Hunde gab, und sofort bekam ich die Antwort, dass diese an Orten zu finden seien, wo sie frei herumlaufen konnten; oder aber sie waren mit jenen Verstorbenen zusammen, mit denen sie aus gemeinsamen irdischen Zeiten vertraut waren. In diesem Augenblick fühlte ich mich in völligem Einklang mit jeder lebenden Kreatur.«

Kinder im Jenseits

In den höheren Welten gibt es auch eine Art von Kindertagesstätten, an denen sich hoch entwickelte Geistwesen um Babys und kleine Kinder kümmern, die die Erde vor kurzem verlassen haben. Die Pfleger und ihre Schützlinge werden von der beiderseits angelegten Fähigkeit, Liebe zu geben und zu empfangen, angezogen.

Es gibt viele Gründe, warum ein Mensch in jungen Jahren aus dem Leben scheidet und in die geistige Welt zurückkehrt. Jedes Geistwesen hat sein eigenes göttliches Schicksal und einen eigenen Seelenplan, den es zu verwirklichen gilt. Manch einer unerfahrenen Seele mag die Bewältigung des Lebens als so überaus schwierig erscheinen, dass sie ihren Körper schnell wieder verlässt. Vielfach wurde mir von Geistwesen berichtet, dass eben dieses Motiv hinter dem so genannten plötzlichen Kindstod steht. Denkbar ist auch, dass das abrupte Ausscheiden aus dem Leben zur Erfüllung einer gemeinsamen karmischen Aufgabe des Kindes und seiner Familie notwendig war. Doch was auch immer der Grund sein mag – eine Seele hat stets die Chance zu lernen und wieder auf die Erde zurückzukehren. Immer wieder entscheiden sich Neugeborene dazu, ihren »physischen« Lebenszyklus im Jenseits zu vollenden, um sich auf diese Weise höhere geistige Fähigkeiten und Prinzipien anzueignen. Nach dieser Phase der Weiterentwicklung kehren sie mit einem neuen, erweiterten Bewusstsein vom Leben zur Erde zurück. In anderen ist womöglich der Wunsch, Erfahrungen in der materiellen Welt zu sammeln, so groß, dass sie sofort zur Erde zurückkehren, ohne erst die notwendigen Reifeschritte zu durchlaufen, um der neuen Inkarnation besser gewachsen zu sein. Auch hier gilt: Was immer das Kind beschließen mag, hängt einzig und allein vom Entwicklungsstand seiner Seele ab.

Immerwährendes Lernen

Eine Seele kommt in die höheren Sphären, um zu lernen, sich zu entfalten, sich geistig fortzuentwickeln und Unterweisung von ihren Geistführern und Lehrern zu empfangen. Dabei steht ihr eine schier unendliche Fülle von Lehrinstituten zur Verfügung, an denen sie sich ganz nach den jeweiligen Bedürfnissen weiterbilden kann. Ziel ist es jedoch nicht, den Doktor in Geschichte oder Mathematik zu machen. Geistwesen lernen, was Wahrheit ist: etwas so Einfaches, dass es erst in seiner Einfachheit verstanden werden will. Daneben werden Tugenden wie Liebe, Demut und Geduld vermittelt.

Parallel hierzu finden sich zahlreiche hoch begabte Wesen zur gemeinsamen Arbeit an philosophischen, medizinischen und wissenschaftlichen Themen zusammen. Mit vereinten Kräften wird hier versucht, den Geheimnissen des Universums auf die Spur zu kommen. So untersuchen manche, welchen Einfluss die Gedanken auf die physische Welt und das körperliche Wohlbefinden eines Menschen haben. Andere verbringen ihre Zeit damit, kraft der von ihnen übermittelten Inspiration die Auffassungs- und Erfindergabe der Erdenbewohner zu erweitern.

Wenn Geistwesen mit ihren verwandten Seelen auf der Erde zusammenarbeiten, säen sie visionäre Gedanken, die zu einer reichen Ernte an neuen Erfindungen und Therapien heranreifen. Oftmals sind solche Menschen bereits auf gewisse Weise offen für spirituelle Dinge. Wer bereit ist, sein inneres Licht zu nähren und sich für die grenzenlosen Möglichkeiten Gottes zu öffnen, für den ist alles und jedes möglich.

Die höheren Sphären des Lichts sind voller Geheimnisse. Von zentraler Bedeutung ist darin eine ganz besondere Wiege des Lernens. Hier erleben wir einen Seinszustand, der in vielerlei Hinsicht für unsere heutige Existenz entscheidend ist. Eines Abends fiel ich während einer Veranstaltung in tiefe Trance. Mein Astralkörper verließ die Physis und reiste an einen Ort, von dem ich hier berichten möchte. Zuerst sah ich ein unglaubliches marmorartiges Gebäude. Die Wände bestanden alle aus dem gleichen Material, doch sie waren in Farbtönen gehalten, wie ich sie noch nie gesehen hatte.

Als Nächstes fand ich mich auf einem Zuschauerrang in

einer Art riesigem Theater oder Gerichtssaal wieder. Ich war von Menschen umringt, die konzentriert das Geschehen unten im Forum verfolgten. Wie ich meinen Blick über die Ränge gleiten ließ, fiel mir auf, dass die Zuschauer im Stil der verschiedensten Epochen gekleidet waren. Ich erkannte einen Mann, der im Gespräch mit anderen an einem kleinen Tisch saß: Er sah aus wie Benjamin Franklin. Ich wunderte mich, wo ich hier gelandet war und was ich hier sollte. Kaum formierte sich diese Frage in meinem Kopf, schon wurde mir die Antwort zuteil. Ich war in der Halle der großen Denker. Das ist alles, was ich an Erinnerungen von dieser Astralreise mitgebracht habe. Als ich aus der Trance erwachte, fragte ich die Mitglieder des Meditationskreises, was denn geschehen war. Sie starrten mich irritiert an.

»Erinnerst du dich denn nicht?«

»Nein.«

»Es meldete sich ein Mann namens Franklin.«

Sie berichteten mir, wie dieser Mann zu ihnen über all das Unrecht gesprochen hatte, das durch die zwanghafte Selbstsucht der Menschen über die Welt gekommen sei.

»Er sagte, er sei einer von vielen in der geistigen Welt, die Regierungen verschiedener Länder auf Erden zur Seite stünden, um unter ihnen Verständnis zu säen und eine gemeinsame Basis zu schaffen.«

Ich konnte kaum glauben, was ich da hörte, und ich erzählte den Anwesenden von meiner Vision.

Seither habe ich Berichte anderer Spiritisten gelesen, die ähnliche Erfahrungen gemacht haben. Eine davon will ich hier schildern. Es handelt sich dabei um die Vision eines großen Tempels, so wie sie auf der Erde etwa in Griechenland oder Ägypten zu finden waren, und an dessen Ausstrahlung allein sich ablesen lässt, welche Energien in seinem Inneren wirksam sind. Hinter seinen Mauern haben sich Wesen versammelt, die über ein hohes Maß an Mitgefühl verfügen, darunter politische Führungspersönlichkeiten, bedeutende Erfinder und große Humanisten der Geschichte. Wieder andere haben nie eine irdische Existenz erlebt. Sie sind aus anderen Dimensionen des Universums hierher gekommen.

All diese Geistwesen sind damit befasst, die irdischen Politiker geistig zu bearbeiten, um ihnen Ideale des Friedens, des Mitgefühls, der Eintracht und des Verstehens einzugeben. Durch Bündelung ihrer Gedankenkraft können sie diesen Männern und Frauen Erleuchtung bringen und deren Herzen so mit Frieden und Einigkeit erfüllen. Manchmal ist ihre Arbeit von Erfolg gekrönt. Dies sind jene kostbaren Momente, in denen im politischen Leben Frieden und Gerechtigkeit obsiegen. Ein andermal aber scheitern ihre Bemühungen. In der Tat ist es eine große Herausforderung, einen von Unwissenheit, Finsternis, Gier und Verrat regierten Geist zur höheren Wahrheit des Lichts, der Liebe und der Gerechtigkeit zu erwecken.

Wenngleich viele mächtige Politiker ihren Erfolg nicht ihrer Güte und Offenherzigkeit, sondern ihrer Gier und Unehrlichkeit verdanken, lassen die Geistwesen sie nicht fallen. Hoch entwickelte Seelen akzeptieren, dass alle Wesen aus demselben Licht und derselben Liebe gemacht sind, und so setzen sie ihre Arbeit mit Blick auf die gesamte Menschheit fort. Auch wenn wir oft daran zweifeln mögen, ob unsere Gebete überhaupt auf fruchtbaren Boden fallen – sie werden erhört. Und es wird ihnen Folge geleistet. Es liegt an uns, die Tür zu unserem Herzen offen zu halten, auf dass die Führung Einlass finden möge.

Die schönen Künste

Unser Rundgang durch die jenseitigen Welten müsste unvollkommen bleiben, würden wir uns nicht eine weitere, überaus wichtige Landschaft anschauen: das Reich der künstlerischen Inspiration. In den herrlich gestalteten, glänzenden Hallen dieser Sphäre sind zahlreiche Meister bei der Arbeit.

Dies ist der Ort, an dem diese Mittler des göttlichen Lichts kreative Energien synthetisieren und in materielle Ausdrucksformen von Farbe und Worten transformieren. Es werden nur Gemälde von höchster Qualität realisiert. In Wirklichkeit sind dies für die Ewigkeit festgehaltene Momente wahrer Farbinspiration, und die dabei entstehenden Kunstwerke können nicht nur betrachtet, sondern auch gefühlsmäßig in der ganzen Fülle der in sie eingegangenen Liebe erfasst werden.

Hier gibt es zudem Geistwesen, die es sich zur Aufgabe gemacht haben, Gottes Licht in Form von Worten zu materialisieren. Sie zerlegen die allererhabensten Gedanken in Fragmente der Großartigkeit, die den kreativen Schriftstellern der niederen oder irdischen Sphären als Inspiration dienen. Worte sind nichts anderes als aus verschiedenen Ausdrucksfrequenzen herausgezogene, manipulierte Energien, die auf emotionaler Ebene materialisiert und in Form von Ermunterung, Führung, Humor und Traurigkeit übermittelt werden. Die hier entstehenden Theaterstücke, Geschichten, Gedichte und anderen Schriften dienen dazu, die tieferen Astralschichten und die Erde mit Licht zu erfüllen und deren Bewohner für das Göttliche zu öffnen. Dies gilt für alle Ausdrucksformen der Kreativität.

Beschließen wir unsere Reise am Spielort der göttlichen Symphonie. Hier wechseln die Farben der Atmosphäre von einem Augenblick zum nächsten in leuchtenden, himmlischen Regenbogenblitzen. Doch diese Farben sind keine atmosphärischen Erscheinungen wie die irdischen Himmelsphänomene; vielmehr handelt es sich dabei um direkte Entäußerungen der in dieser Sphäre lebenden Komponisten und Musiker. Hier ist die Sprache der Engel in all ihrer göttlichen Herrlichkeit zu hören. Wer durch diese großartigen Lichtgebäude wandelt, wird immer wieder auf einzelne Geistwesen treffen, die aus den himmlischen Klängen und Melodien Heilung und Vitalität schöpfen. Viele Musiker bündeln ihre Gedanken und Energien, um neue klangliche Ausdrucksformen hervorzubringen, die sich positiv auf das Wohlbefinden anderer auswirken. Sie alle sind reinste Kristallisierungen von Gottes ewigem Licht der Liebe und der Freude. Sie sehen also, dass es für einen Verstorbenen auf seiner Heimreise zu Gott allerhand zu sehen und zu erleben gilt.

Wir werden uns immerzu fortentwickeln, um in unserer Seelenlandschaft die Liebe Gottes in ihrer ganzen Fülle manifest werden zu lassen. Wenn dann unser Herz ganz und gar mit dem Licht des Himmels erfüllt ist und wir in der Einheit der spirituellen Liebe aufgegangen sind, werden viele von uns beschließen, wieder in die Bedingungen der dichten, physischen Welt einzutauchen. Ausgestattet mit dem Wissen um diese geistigen Sphären kehren wir mit dem Wunsch auf die Erde zurück, andere an den Einsichten teilhaben zu lassen, die wir dort gewonnen haben.

7

Rückkehr zur Erde

> Wie ein Engel kam ich hernieder!
> Wie hell hier alle Dinge sind!
> Als ich mich unter seinen Werken fand,
> Oh, wie ward ich von ihrer Herrlichkeit bekrönt!
> Die Welt glich seiner Ewigkeit,
> In der meine Seele wandelte;
> Und alles, was ich sah,
> Das sprach zu mir.
>
> THOMAS TRAHERNE,
> *Wonder (»Staunen«)*

In dem Maße, wie sich der Geist in den jenseitigen Sphären entwickelt, richtet er sich auf das eine große Licht des Verstehens aus. Dieser strahlende, himmlische Schein, der so hell aus seinem Inneren heraus leuchtet, ist das Kennzeichen der Seele. Ist der Geist so stark im Gottesbewusstsein aufgegangen, schwingt er im Einklang mit den harmonischen Rhythmen und göttlichen Gesetzen des Universums. Und doch liegt im Seelenmuster jedes einzelnen Geistes eine Sehnsucht, zu immer höheren Ebenen des spirituellen Bewusstseins aufzusteigen. Um dies zu erreichen, wird im Laufe von Myriaden von »Seelenlektionen« optimales Wachstum erreicht – Seelenlektionen, die zu beherrschen wir anhand zahlreicher Eigenerfahrungen in eben jener Schule lernen, die wir Erde nennen.

Zwei Drittel der Weltbevölkerung glauben an die Reinkarnation oder Wiedergeburt, das wiederholte Einziehen der Lebenskraft oder Seele in einen neuen physischen Körper. Wenngleich diese Vorstellung im Kanon der heutigen orthodoxen jüdisch-christlichen Religionen keinen Platz hat, war sie im frühen Christentum – insbesondere bei den Gnostikern – noch weit verbreitet. Erst als Kaiser Konstantin im vierten Jahrhundert zum Christentum übertrat, wurde jeder Hinweis auf Reinkarnation oder Seelenwanderung aus der christlichen Lehre getilgt. Nach hinduistischer und buddhistischer Auffassung kehrt eine Seele zurück, um das im Laufe der Leben angehäufte Karma abzutragen. Ist sie schließlich vollkommen, beendet sie den Kreislauf der Wiedergeburt und kehrt in die Gottesseele zurück.

Sicher kennen auch Sie jene Art von Déjà-vu-Erlebnissen, bei denen uns ein völlig fremder Ort oder Mensch sofort vertraut vorkommt. Ich erinnere mich daran, wie ich einmal mit ein paar Freunden auf der Durchreise in New Orleans Halt machte, um essen zu gehen. Wie in Trance löste ich mich plötzlich von der Gruppe und lief voraus.

»Wo willst du hin?«, rief mir einer meiner Freunde nach.

»Ich muss mir etwas ansehen. Ich habe da so ein komisches Gefühl. Irgendwie kommt es mir so vor, als müsste hinter der Straßenbiegung am Ende des Blocks eine weiße Kirche mit zwei Türmen stehen.«

Mein Freund nickte nur und begleitete mich. Und tatsächlich: Am Ende des Blocks stand sie – die weiße Kirche mit den beiden Türmen. Aus unerfindlichen Gründen kam sie mir absolut vertraut vor. Ich musste sie schon einmal gesehen haben, aber nicht in diesem Leben. Es gab da ein *Wiedererkennen*, das ich nicht erklären konnte.

Um sich optimale Bedingungen zur seelischen Weiterentwicklung und Ausschöpfung der von Gott begründeten Energien zu schaffen, muss der Geist sich auf seine Rückkehr zur Erde vorbereiten. Darum verbringt er die Spanne zwischen den einzelnen Leben damit, sich Wissen über die materielle Existenzebene anzueignen. Die Tatsache, dass wir alle aus Gotteskraft gemacht sind, lässt uns im Prinzip zu Gottes Mitschöpfern werden. Es liegt an uns, was wir mit dieser Kraft anfangen möchten. Dabei sollten wir nie vergessen, dass das, was wir bewirken, nicht nur von unserem physischen, sondern auch unserem mentalen Handeln – also unseren Gedanken und Worten – bestimmt wird. *Alles ist Energie!* Wir selbst bestimmen, wie wir sie einsetzen möchten. Sobald der Geist zur Rückkehr in das physische Leben bereit ist – und wirklich *erst dann* – tritt er in einer natürlichen Abfolge von Schritten die Rückkehr zur Erde an.

Der ätherische Rat

Bereitet sich eine Seele auf ihren nächsten Aufenthalt in der Physis vor, steht ihr eine Gruppe hoch entwickelter Geistwesen – der so genannte ätherische Rat – zur Seite, die den Zyklus ihrer irdischen Inkarnationen vollendet haben und ihre Erfahrungen nutzen, um anderen bei der Erstellung ihres Lebensplans zu helfen, in dem die spirituellen Ziele für das kommende Leben festgelegt werden. Dieser Plan ist eine Art Blaupause der Erfahrungen, die die Seele für ihre Weiterentwicklung braucht. Wie er im Einzelnen aussieht, bestimmt der Geist selbst; hier beginnt die Domäne des freien Willens.

Jede Seele ist einzigartig. In ihrem Gedächtnis trägt sie all das Wissen und die Weisheit, die sie in all den bisherigen Lebensspannen gesammelt hat, und es ist gut möglich, dass sie sich für die kommende Inkarnation abermals für eine ihr vertraute Berufung entscheidet. Ich persönlich habe zum Beispiel viele Leben damit zugebracht, meine Feinfühligkeit, Begabung und Differenzierungsfähigkeit für geistige Kommunikation zu entfalten. Bei Rückführungen sah ich mich Leben um Leben in religiösem Streben zubringen. Ich war katholischer Ordensmann, russisch-orthodoxer Priester, tibetischer Lama, buddhistischer Mönch, Zigeuner, Metaphysiker und mittelalterlicher Seher. Es ist also nichts Außergewöhnliches, dass ich in diesem Leben Medium bin. Ähnlich machen es die meisten Menschen. Was wir in diesem Leben tun, haben wir aller Wahrscheinlichkeit nach auf die eine oder andere Weise auch früher schon einmal getan.

Bei unserer Geburt ist alles, was wir zur Erfüllung unseres Seelenplans brauchen, in unserem Ätherkörper eingespeichert. Mit anderen Worten: Die Antworten auf all unsere Probleme liegen in uns selbst. Welche Prüfungen oder Schwierigkeiten es auch zu bestehen gilt, sie dienen einzig dazu herauszufinden, ob wir den spirituellen Lösungsweg entdecken können. Eine Seele hat vielfache Möglichkeiten, aus Widrigkeiten zu lernen und sich weiterzuentwickeln. Wachstum ist niemals leicht, und es kann nur durch das Durchleben und vollständige Begreifen aller Aspekte einer Situation vollzogen werden.

Bei der Betrachtung der physischen Umstände seiner bevorstehenden Inkarnation erkennt ein Geistwesen, dass manches nicht leicht sein wird, doch es weiß auch, dass die kommenden Erfahrungen unabdingbar für seine weitere Entwicklung sind. Es ist sich bewusst, dass Schwierigkeiten den Wachstumsprozess nur unterstützen oder eine weitere Facette seines inneren Lichtdiamanten zum Leuchten bringen können. Darum wird die Erde auch gern mit einer Schule verglichen. Wir sind hier, um zu lernen. Haben wir all unsere Prüfungen bestanden, ist es an der Zeit heimzugehen.

Es liegt an der Seele selbst zu entscheiden, wie schnell oder wie langsam sie auf ihrem Weg voranschreiten will. Manche Geistwesen bleiben so lange im Jenseits, bis sie sich absolut bereit dazu fühlen, auf die Erde zurückzukehren und sich den schwierigen Aufgaben, die sie dort erwarten, zu stellen. Andere hingegen stürzen sich womöglich mit Begeisterung auf eine solche Mission, weil sie wissen, dass sie dadurch ihr spirituelles Wachstum beschleunigen können.

In diesem Entscheidungsfindungsprozess kann sich die Seele mit jenen Geistwesen beraten, die schon andere irdische Erfahrungen mit ihr geteilt haben oder zu denen sie karmische Verbindungen hat. Letztere können sowohl positiver als auch negativer Natur sein, je nachdem, welchen Weg die Seele gehen will. Wie in Kapitel 6 beschrieben, gibt es Seelenfamilien von Gleichgesinnten. Hegen Geistwesen einer Seelengruppe den Wunsch, gemeinsam auf die Erde zurückzukehren, um gegenseitige karmische Verpflichtungen zu erfüllen, so können sie dies tun. Daneben gibt es Seelengruppen, die zu bestimmten historischen Epochen inkarnieren, um globale karmische Aufgaben zu erfüllen. Sie kommen als Überbringer bestimmter Teile des alten Wissens in die physische Welt. Je nach dem Grad ihrer spirituellen Reife können diese Geistwesen Positives oder Negatives auf der Welt bewirken.

Karma

Wir alle kennen das Sprichwort: »Wie man in den Wald hineinruft, so schallt es heraus.« Es beschreibt treffend, was es mit dem universellen Gesetz des Karma auf sich hat. Das Wort *Karma* kommt aus dem Sanskrit und bedeutet so viel wie »Tat« oder »Handlung«, und das Gesetz der Tat schreibt einen natürlichen Kreislauf von Ursache und Wirkung fest. Einfach ausgedrückt: In unseren bisherigen Lebensspannen haben wir entweder Samen gestreut oder Steine geworfen, und wir werden das ernten, was wir gesät haben – Gutes oder Schlechtes.

Da das multidimensionale Universum nicht dem Diktat der Zeit unterliegt, kann sich der Kreislauf von Ursache und Wirkung über mehrere Inkarnationen erstrecken. Dass wir eine bestimmte Zeitspanne auf Erden verbringen, ist nichts als eine Illusion, die uns aufgrund der Beschränkungen des physischen Körpers in der physischen Welt vorgegaukelt wird.

In Wirklichkeit ist ein Leben nur eine äußerst kurze Zeitspanne im großen Zusammenhang der Existenz.

Wir müssen also die Konsequenz unseres heutigen Handelns nicht notwendigerweise in diesem Leben oder auch in einem einzigen Leben tragen. Was geschieht, hängt von der Absicht, der Kraft und Ernsthaftigkeit unseres Tuns ab. Sämtliche Handlungen, die in unsere Seelenmembran eingegangen sind, bleiben so lange dort, bis sie getilgt sind und die perfekte Ordnung und Ausgewogenheit wieder hergestellt ist.

Viele Menschen meinen, Karma sei etwas Negatives. Doch dies ist nicht richtig. Stellen wir es uns lieber so vor, als müssten wir Schulden bezahlen oder eine Handlung mit einer zweiten ausgleichen. Letztlich bietet Karma die Chance zu seelischem Wachstum. Hat eine Seele erst einmal begriffen, dass ihre Taten Konsequenzen nach sich ziehen, hat sie kein Bedürfnis mehr, sich neues, schwieriges Karma zu schaffen.

Wenn also eine Seele auf die Erde zurückkehrt, ist sie ausgestattet mit einem Lebensplan, diversen im Seelengedächtnis eingespeicherten karmischen Lektionen und einem von ihr selbst gewählten Körper; sie hat Eltern, Familienmitglieder und Beziehungen ebenso festgelegt wie Geburtszeit und -ort, die einzelnen Stationen ihres Lebens, den Zeitpunkt und die Art des Todes, um nur einige wenige Dinge zu nennen. Sie alle spiegeln die spirituelle Aufgabe wider, die sich die Seele vorgenommen hat.

Der Prozess der Wiedergeburt

Wenngleich ich umfassende Berichte darüber erhalten habe, wie ein Geist den physischen Körper verlässt, habe ich sehr wenig darüber in Erfahrung bringen können, wie sich der Einzug in eine neue körperliche Hülle eigentlich vollzieht. Immer wieder teilen mir Geistwesen mit, dass sie sich gerade darauf vorbereiten, auf die Erde zurückzukehren. Wenn ich sie aber frage, wie dies geschieht, bleiben sie mir die Antwort schuldig. Es könnte gut sein, dass sie mit den Einzelheiten des komplexen Prozesses einfach nicht vertraut sind, oder dass sich die Phasen und Abläufe beim Eintritt in die physische Welt nicht in Worte fassen lassen. Ich habe ein gewisses Maß spirituellen Verständnisses vom Wiedergeburtsprozess gewonnen und viele Bücher zu diesem Thema gelesen. Ausgehend von hellsichtigen Erfahrungen und dem Studium theosophischer Texte und östlicher Philosophien ergibt sich folgendes Bild:

Das Wort *Inkarnation* bedeutet so viel wie »Hinabsteigen ins Fleisch«. Möchte ein Geistwesen zur physischen Welt zurückkehren, reaktiviert es einen bestimmten Teil seines Seins, der in theosophischen Kreisen als das *physische Dauer-Atom* beziehungsweise *Saat-Atom* bezeichnet wird. Es handelt sich dabei um ein konzentriertes Energiefeld, das seinen Sitz im Herzchakra hat und ein vollständiges karmisches Bild der irdischen Erlebnisse einer Seele birgt. Wann immer ein Mensch eine karmische Erfahrung durchläuft, wird dieses Bild in Form eines Energieflusses freigesetzt, der sich entlang der Meridiane des Körpers ergießt.

Das Saat-Atom ist angeschlossen an die so genannte *Lebensschnur*, jenen letzten Faden der silbernen Schnur, über die es sämtliche individuellen karmischen Informationen bezieht. Und woher kommen diese Informationen? Sie entstammen dem *Seelengeist* beziehungsweise der *Monade*, dem Born der ätherischen Energie des totalen Einsseins. Können Sie mir bis hierhin folgen? Die Monade ist eine mikrokosmische Manifestationsform des perfekten Universums, die jeder Mensch von Geburt an in sich trägt. Sie ist unser vollkommener, gottgleicher Ausdruck. Ich nenne Sie »göttlicher Funke« oder Gotteskraft.

Wenn dieses Saat-Atom durch das Gesetz der Affinität (Gleiches zieht Gleiches an) zum Leben erwacht, beginnt die Seele, um sich herum ein mentales und astrales Kraftfeld aufzubauen, das das Material für den Mentalkörper liefert. Gleichzeitig kommt es zu einer allmählichen Reduktion des Denkprozesses, um diesen in die Grenzen des irdischen Geistes einzupassen. Der Mentalkörper gestaltet sich nach dem, was die jeweilige Monade aussagen und darstellen will. Es ist wichtig, sich vor Augen zu führen, dass alle Seinsebenen miteinander verbunden und verwoben sind und dass auf den unterschiedlichen Bewusstseinsebenen jeweils verschiedene Entwicklungen parallel ablaufen.

Man geht davon aus, dass sich das Saat-Atom zum Zeitpunkt der Empfängnis mit der Zygote beziehungsweise dem Embryo verbindet und dass damit der Inkarnationsprozess beginnt. Zygote und Saat-Atom geben gemeinsam eine Schallschwingung ab, die auf der ätherischen Ebene Energien anzieht. Gleichzeitig macht sich die noch immer in der Astralwelt weilende Seele daran, den in die ätherische, mentale und physische Form geleiteten Materiestrom mit ihren eigenen Schwingungen zu imprägnieren. Dies geschieht über einen gebündelten Strahl aus weißem Licht, der zwischen dem Herzen des Embryos und dem Saat-Atom seines neuen Mental- und Astralkörpers fließt. Im Augenblick der Befruchtung steigt dieses Lichtbündel aus der Seelenhöhe in das Spermium hinab und erfüllt es mit Energien, die den Inkarnationsprozess auslösen.*

---

* James S. Perkins, *Through Death to Rebirth*, Quest Books, September 1974

Zu diesem Zeitpunkt ist die Seele bereits in die niederen Sphären der Astralwelt abgestiegen, wo sie die Substanzen zur Schaffung eines Ätherkörpers anzieht. Während der Schwangerschaft bilden sich mit jedem einzelnen der Zellteilungsschritte auch die ätherischen Energiewirbel oder Chakren heraus. Während dieser Zeit stehen verschiedene geistige Wesen und Kräfte bereit, um am Entstehungsprozess des jungen Wesens mitzuhelfen und es zu schützen. Im Hinduismus werden diese Wesen der geistigen Hierarchien als *Devas* oder Elementargeister, im Christentum als Engel bezeichnet. Während der Bildung ihres neuen physischen Gefäßes bleibt die Seele in der Astralwelt. Sobald das ätherische Gegenstück komplett ausgeformt ist, senkt sie ihre Bewusstseinsschwingung und steigt in eine Region ab, die als *Fluss des Vergessens* bezeichnet wird. Die Griechen sehen in diesem Ort die Brücke zwischen der sichtbaren und der unsichtbaren Welt. In diesem Äther treibend, vergisst die Seele ihre Verbindung mit dem Göttlichen und all ihre früheren Existenzen.

Oft werde ich gefragt: »Warum vergessen wir, wer wir sind und woher wir kommen?« Meine Antwort lautet, dass dies ein Gnadenakt Gottes ist. Zum einen erspart uns das Nichtwissen das Heimweh nach unserer himmlischen Heimat. Zum anderen könnte die Auseinandersetzung mit all unseren früheren Fehlern und Misserfolgen zu einer derartigen Obsession werden, dass wir nicht mehr voranschreiten und unsere aktuellen Aufgaben erfüllen könnten. Durch das Ausblenden unserer Erinnerungen an die geistigen Welten beginnen wir unser Leben sozusagen als unbeschriebenes Blatt. Die karmische Information bleibt jedoch Teil des Saat-Atoms und kann in dem Maße entschlüsselt werden, wie ein

Mensch an Selbst-Bewusstheit gewinnt. Nichts ist verloren, es ist nur in Vergessenheit geraten. Wir alle haben vielfältige Möglichkeiten, um uns an unser wahres Selbst zu erinnern. In den Monaten nach der Befruchtung durchläuft der Embryo verschiedene physische Entwicklungsstadien. Nach und nach übernehmen die verschiedenen Gewebe, Nervenfasern und schließlich die Muskeln ihre Funktion. Mit dem Einsetzen der Muskelbewegung – also zu dem Zeitpunkt, zu dem sich der Fötus im Mutterleib zu rühren beginnt – erwacht die psychische Sensibilität der Mutter für das neue Leben, das sie in sich trägt. Die Devas und Elementargeister der jenseitigen Welt sind einstweilen mit der Feinarbeit am physischen Körper beschäftigt. In dieser Phase, in der sich der Fötus zu bewegen beginnt, erkennt die Seele ihre neue körperliche Hülle, denn sie fühlt sich zu ihr hingezogen. Außerdem projiziert sich jetzt die Monade oder der Seelengeist mit all seinen karmischen Informationen in die fötale Atmosphäre. Sobald die Seele diesen spezifischen Energiestrom spürt, empfindet sie sich als Teil dieses neuen Wesens, und so schwebt sie bereits einige Monate vor der Geburt im Umkreis ihres künftigen physischen Gefäßes, quasi um sich schon einmal daran zu gewöhnen. So hat sie Gelegenheit, sich mit etwaigen physischen Problemen und Unzulänglichkeiten vertraut zu machen, mit denen sie künftig wird leben müssen. Etwa in den beiden letzten Schwangerschaftsmonaten verstärken sich die magnetischen Bindungen der Seele an ihren neuen Körper, und sie verbringt mehr und mehr Zeit darin.

Die Geburt selbst ist für die neu inkarnierende Seele von größter Bedeutung. Dies ist eine Zeit, in der die verschiedensten Kräfte in absoluter Synchronizität zusammenwirken:

Die planetarischen, übersinnlichen, physischen und spirituellen Energien pulsieren in völligem Gleichklang. Darum sind die Geburtszeit und der Geburtsort, die die astrologischen Voraussetzungen zur Festlegung von Rasse, Familie und Status auf Erden bilden, von so großer Wichtigkeit. Alles hat seine Zeit und seinen Ort. So wie die Wellen sich am Ufer brechen, so geschehen auch Geburt und Tod zum richtigen, naturgegebenen Zeitpunkt, selbst wenn sie uns aus menschlicher Sicht »frühzeitig« erscheinen mögen. Exakt in diesem Augenblick nimmt die Seele den neuen Körper in Besitz und drängt durch den Geburtskanal ans Licht der Welt. Jetzt ist sie bereit für ein neues Leben mit einer grenzenlosen Fülle von spirituellen Möglichkeiten.

Abtreibung

Gelegentlich kommt es vor, dass ein Geistwesen in einer Séance über die Bedingungen im Mutterleib spricht und darauf hinweist, wie wichtig es für die Schwangere ist, nicht nur auf ihre physische, sondern auch auf die emotionale, psychische, mentale und spirituelle Gesundheit zu achten. Eine ankommende Seele ist mit der werdenden Mutter psychisch verbunden und bekommt alles mit, was in ihrer Aura und deren Umfeld geschieht. Ist die Saat des Lebens erst einmal gesät, nimmt die Natur unaufhaltsam ihren Lauf. Wenn die Schwangere das Baby nicht will, so gehen diese Gefühle in die Aura ein und werden vom Kind registriert. Neben einem psychischen Schock kann dies den Fötus auf verschiedene Weise beeinträchtigen und letztlich sogar zu Geburtsdefekten führen. Fehlgeburten sind meiner Ansicht nichts anderes als ein Vorgang, mit dem sich die Natur einer Unvollkommenheit beziehungsweise eines wie auch immer gearteten Defekts entledigt.

Dies führt mich zu dem kontroversen und schmerzlichen Thema der Abtreibung. Immer wieder werde ich bei Vorträgen von Betroffenen angesprochen, die mir erzählen, wie traurig sie darüber sind und mit welchen Gefühlen des Verlusts und der Schuld sie sich herumquälen. In einer gesunden Schwangerschaft treten Kräfte auf den Plan, die bis zur Geburt oder bis zu dem Abbruch an der Ausformung eines Gefäßes für die Seele arbeiten. Wird eine Abtreibung vorgenommen, ist die Seele noch nicht voll und ganz in den Körper eingezogen und kehrt in die Gottwelt zurück. Dort wartet sie auf eine weitere Gelegenheit, sich zu zeigen. Denken wir daran, dass so ein neues Wesen spirituell mit seiner Mutter verbunden und sich vollends darüber im Klaren ist, dass eine Abtreibung vorgenommen werden könnte.

In den meisten Botschaften, die ich zu diesem Thema erhalten habe, erschien es so, als würde die Abtreibung zum spirituellen Wachstum der Mutter geschehen. Vor der Inkarnation plant die Seele eine Situation wie diese, um an Themen wie Selbstwertgefühl, Schuld, Versagen und Selbstliebe zu arbeiten. Zieht eine solche Tat karmische Konsequenzen für die Frau nach sich? Nicht unbedingt. Es steht zu hoffen, dass sie durch diese emotional extrem schwierige Erfahrung lernt, sich selbst anzunehmen und sich besser kennen lernt.

Leben in der physischen Welt

Während die Erinnerungen an die himmlische Welt der Freude und des Lichts langsam in den Hintergrund treten und von einem Gefühl der Schwere und Kälte ersetzt werden, fühlt sich die Seele beim Wiedereintritt in die physische Welt ziemlich verloren. Sie hat eine Welt der Ordnung und Gemeinschaftlichkeit hinter sich gelassen und ist an einem Ort der Unsicherheit und des Alleinseins gelandet. Vorbei sind die Zeiten, da sie als Geistwesen durch eine Atmosphäre von Farbe und Licht, Gefühlen und Wundern schwebte; vorbei die Zeiten, da sie sich mit der Geschwindigkeit ihrer Gedanken bewegte und die anderen wussten, was in ihr vorging. Sie ist wieder Gefangene eines Umfelds, in dem die Energien verdichtet und die Farben blass und trist sind – eines Umfelds, in dem das einzige sichtbare Licht von der Sonne her strahlt.

Obwohl die Seele bei ihrer Reinkarnation schon sehr »alt« ist, ist sie in gewisser Hinsicht völlig neu. Natürlich hat sie ein gerüttelt Maß an karmischen Aufgaben im Gepäck, doch sie ist in einen völlig neuen mentalen, emotionalen und physischen Körper eingegangen, mit dem sie diese bewältigen muss. Zur Erfüllung ihrer körperlichen Bedürfnisse kann sie sich teilweise auf ihre niederen Instinkte verlassen. Aber was ist mit der emotionalen und mentalen Seite ihres Wesens? Wie soll sie diese entwickeln und nähren? Ausgestattet mit einem spirituellen Lebensplan, muss die Seele in der Welt des Fleisches aktiv werden, um ihr Schicksal zu erfüllen. Sie muss lernen zu lieben, verletzt zu werden und zu wachsen. Solange sie auf Erden weilt, wird ihr Leben von ihren Beziehungen, von der Religion und der Kultur ihres Umfelds geprägt. Geht es zu Ende, schließt sich der Kreis wieder, und die Seele bricht erneut auf zu ihrer Reise durch die Zeit.

Teil II

Der Geist spricht

Während die Seele auf dieser unserer physischen Ebene ihren Weg der Vollendung geht, führen die äußeren Umstände sie auf manchen Gipfel und durch manches Tal, und ihre Kraft wird dabei oft auf die Probe gestellt. Die Prüfungen der Meisterschaft über die Physis sind alles andere als leicht. Wie oft würden wir lieber zurückweichen, als durch den Schmerz hindurchzugehen! Führten wir uns nur immer vor Augen, dass das, was uns am Ende der Reise erwartet, alle Sorgen und Mühen wert ist, wie eilig würden wir dann voranpreschen. Wir müssen einfach erkennen, dass wir nie allein sind; stets sind wir von uns wohl gesonnenen Wesen und weisen Führern umgeben, die uns mit ihrer Hilfe und Kraft Beistand leisten.

Eine Seele hat auf ihrem irdischen Pfad Myriaden von Tests zu bestehen, doch die wohl größte Herausforderung sind die Prüfungen des Herzens. Sie berühren uns im Kern unseres Seins mit zärtlicher Liebe und bitterem Schmerz. Wir lassen andere in unser Innerstes vor in der Hoffnung, dass sie uns annehmen und lieben werden. Tun sie es nicht, verschließen wir uns ein wenig – und mit jeder weiteren Zurückweisung noch ein bisschen mehr. Dann fangen wir an, andere zu manipulieren, um Anerkennung und die von uns gewünschte Form der Behandlung zu erlangen. Es ist schiere Angst, die uns davor zurückhält, uns diesen emotionalen Prüfungen des Selbst zu stellen. So bleiben wir in den Illusionen der Wirklichkeit hängen, bis es uns endlich gelingt, das Steuer zu übernehmen und die emotionale Seite unseres Seins unter Kontrolle zu bringen.

Ich habe diesseits des Schleiers unzählige Menschen betreut, die mit schwer beladenem Herzen zu mir kamen. Sie suchten nach einer Möglichkeit, noch einmal mit einem ihnen nahe stehenden Menschen Kontakt aufzunehmen, um endlich emotional zur Ruhe kommen zu können. Viele erkennen, dass sie erst mit diesen ungelösten Gefühlen umzugehen lernen müssen, bevor sich ihnen die Tür zu weiterem physischen, mentalen, emotionalen und spirituellen Wachstum öffnet. Gleiches gilt auch für die im Jenseits Weilenden.

Die Trancesitzungen, von denen ich im Folgenden berichte, sollen als Beispiel für die häufigsten emotionalen Prüfungen und Belastungsproben dienen, die es zu bestehen gilt. Ich hoffe, dass Sie beim Lesen mit wachem Verstand und offenem Herzen ähnliche Situationen, die Ihnen persönlich gefühlsmäßige Schwierigkeiten bereiten, für sich klären können. Und wenn Sie von den Fehlern und Missgeschicken anderer Menschen lesen, brauchen Sie selbst vielleicht nicht noch einmal über die gleichen Fallstricke zu stolpern. Zumindest aber hoffe ich, dass Sie zu einem neuen Verständnis von sich selbst und anderen gelangen.

Mit Rücksicht auf die Privatsphäre habe ich die Namen aller Beteiligten geändert; die Einsichten und Botschaften selbst aber sind originalgetreu wiedergegeben.

8

Erwartungen

> Jeder ist einzigartig. Vergleiche dich
> nicht mit einem anderen, sonst verdirbst du
> den gottgewollten Lebenslauf.
> BAAL SCHEM TOV

Wer der inneren Stimme oder göttlichen Quelle in seinem Herzen nicht treu ist, kann niemals glücklich sein. Wie oft haben wir, um geliebt zu werden oder einem anderen Menschen verbunden zu sein, etwas gesagt oder getan, das nicht absolut wahrhaftig war – und haben es dann ein Leben lang bereut? Was wir alles tun, um anderen »zu Gefallen zu sein«, ist nur ein kleines Beispiel; wie oft aber haben wir aus Angst vor Zurückweisung Schlimmeres getan? Wie viele Menschen opfern ihre persönlichen Träume, um dem gerecht zu werden, was sich andere für sie erträumen!

Auch ich hätte dies beinahe getan. Meine Mutter hatte sich immer gewünscht, dass eines ihrer Kinder Nonne oder Priester würde. Ich hatte beschlossen, ihr diesen Traum zu erfüllen und der Kirchenmann zu werden, den sie immer haben wollte. Warum? Weil ich dachte, sie wäre dann stolz auf mich und würde mich noch mehr lieben. Aber nach einem Jahr am Seminar stieg ich aus, denn ich erkannte, dass mir die tiefe spirituelle Berufung zur Priesterschaft fehlte. Es war der Wunsch meiner Mutter, nicht mein eigener. Ich hatte damals nicht gewusst, dass meine Mutter mich immer geliebt hatte und immer lieben würde.

Es ist völlig natürlich, dass wir als Kinder nach der Liebe unserer Eltern streben; und auch dass unsere Eltern das aus uns machen wollen, was sie von uns erwarten. Aber jene von uns, die aus einer fordernden Familie stammen, in der Zuneigung nicht offen gezeigt wird, können sich womöglich nie von dem inneren Zwang befreien, es allen recht machen zu wollen. Wenn das Kind älter wird, bleiben die Wünsche seiner Eltern in seinem Unbewussten erhalten und werden zum Teil seiner Programmierung. So kann es durchaus vorkommen, dass der Selbstwert eines Erwachsenen davon abhängt, anderen zu gefallen, so wie er früher versuchte, es seinen Eltern recht zu machen, um von ihnen geliebt zu werden. Solche Menschen werden niemals wirklich für sich selbst leben.

Eine der tragischsten – und nur allzu weit verbreiteten – Situationen ist, wenn ein Verstorbener während einer Séance sein Bedauern über sein unerfülltes Leben zum Ausdruck bringt. Glücklicherweise sprechen die Betroffenen schnell auf die bedingungslose Liebe an, die ihnen von den anwesenden geistigen Wesen bereitwillig angeboten wird. Unter diesem Einfluss verwandelt sich die Reue in Einsicht, und der Verstorbene lernt, sich selbst als wertvoll zu betrachten. Auf einmal kann er all das würdigen, was er erreicht hat, und erkennen, wie viel Liebe er anderen während seines Aufenthalts auf Erden geschenkt hat. Doch wie viel besser wäre es gewesen, hätte er seine wahre Natur zu Lebzeiten zum Ausdruck bringen können, als es noch nicht zu spät war. Wir alle sind auf dieser Erde, um unseren eigenen Weg zu finden, und solange, wie wir in unserem Leben den Vorstellungen anderer hinterherlaufen, so lange werden wir nicht glücklich sein.

Es ist schade, dass so viele Menschen Erwartungen haben, wie etwas zu sein oder nicht zu sein hätte oder wie wir sein oder nicht sein sollten. Ich finde das traurig, denn meist schaffen sie es nicht, ihr ganzes Potenzial zu entfalten. Und am Ende kommt die Reue über ein nicht gelebtes Leben.

Der Traum eines Vaters

Als Adrienne und Paula mich in meiner Praxis aufsuchten, hätte kaum jemand vermutet, dass die beiden jungen Frauen irgendein Problem haben könnten. Mit ihren langen blonden, bis über den Rücken reichenden Locken und den strahlend blauen Augen waren sie der Inbegriff der jungen, attraktiven Kalifornierin. Und doch lag etwas tief Beunruhigendes hinter dieser hübschen Fassade. Nach etwa einer halben Stunde platzte es aus mir heraus:

»Ich empfinde plötzlich eine unglaubliche Kälte. Sie macht mir richtige Gänsehaut. Spüren Sie das auch?«

Sie schüttelten beide den Kopf, und so fuhr ich fort:

»Da ist ein Gefühl unendlicher Traurigkeit. Es ist, als würde jemand weinen.«

In diesem Augenblick veränderte sich der Ausdruck der beiden Frauen schlagartig.

»Es ist ein Mann hier, der sehr verzweifelt scheint. Ich weiß nicht, warum. Er zeigt mir dauernd ein Auto. Ich kenne mich mit Automarken nicht sonderlich gut aus, aber es könnte ein Impala sein.«

Eine der Frauen nickte, die andere fing zu schluchzen an.

»Der Mann erzählt mir von einer Garage. Er ist in der Garage.«

Jetzt brachen sie beide in Tränen aus.

»Kennen Sie jemanden, der Carl heißt?«

»Ja, das ist der Name unseres Vaters. Geht es ihm gut? Bitte sagen Sie es uns.«

Das Gefühl der Traurigkeit verstärkte sich. »Er sagt: ›Ich bin es, der Carl mit dem Auto.‹«

»Ja, er sammelte alte Autos. Sie haben ihn in seinem schwarzen Impala gefunden. Oh Gott. Ist er es wirklich?«

»Ja, es ist Ihr Vater. Er ist mit einem Mann namens Frank zusammen. Er hat sich gefreut, ihn wieder zu sehen. Frank ist schon sehr lange dort. Euer Vater sagt, dass er ihn sehr vermisst habe. Es muss jemand sein, der schon seit vielen, vielen Jahren im Jenseits ist.«

Die Frauen schüttelten den Kopf, und die, die mir zur Rechten saß, meinte:

»Frank war sein Bruder. Er starb, als die beiden noch Kinder waren. Das war vor über fünfzig Jahren.«

»Es tut mir Leid, Ihnen das sagen zu müssen, aber Ihr Vater ist unendlich traurig. Ich habe das Gefühl, dass er zu viel gearbeitet hat. Hat er irgendetwas mit Kartons gemacht? Ich fühle, dass da Kartons sind. Und Klebeband.«

»Er war Inhaber einer Spedition.«

»Er wiederholt ständig, wie Leid es ihm tue«, fuhr ich fort. »Er habe dauernd nur gearbeitet, bis spät in die Nacht hinein. Er bedauere es so sehr.«

»Ja, das stimmt. Manchmal hat er tagelang durchgearbeitet, ohne nach Hause zu kommen. Er war ein richtiger Workaholic.«

»Macht sich euer Vater Gedanken über eine Jenny oder Janie?«, wollte ich wissen.

»Ginny, unsere Mutter«, gab eine der beiden zurück. »Sie war völlig am Ende.«

»Euer Vater ist wirklich nicht gut mit sich umgegangen. Es scheint, als wäre er immer ziemlich hart zu sich selbst gewesen. Er muss wohl einen unglaublichen Ehrgeiz gehabt haben. Er sagt mir, er habe unbedingt ein guter Vater sein wollen. Wer von Ihnen ist Adrienne?«, erkundigte ich mich.

»Das bin ich«, meldete sich die Frau zu meiner Linken.

»Adrienne, es tut Ihrem Vater Leid, dass er damals nicht zu Ihrer Hochzeit kommen konnte …, um Sie zum Altar zu geleiten.«

»Ich habe zwei Wochen nach seinem Tod geheiratet. Wir lieben dich, Daddy«, rief Adrienne.

Wir waren alle drei zutiefst gerührt. Auch ich kämpfte mit den Tränen. »Er sagt so etwas wie Peanut … Erdnuss … Er spricht davon, dass er eine Erdnuss habe. Ich habe keine Ahnung, was das bedeuten soll!«

»Peanut, das war sein Hund. Er wurde von einem Auto überfahren. Mein Vater war am Boden zerstört.«

»Hatte der Hund ein weiß-braunes Fell?

»Ja, das stimmt. Er war der Kleinste im ganzen Wurf, und er tat Dad immer Leid. Er klemmte ihn sich immer unter den Arm und trug ihn herum.«

»Ihr Vater sagt noch einmal, dass er nicht gut zu sich gewesen sei. Er sagt, dass er sein Pensum hätte reduzieren müssen; er sei aber der Meinung gewesen, dass seine Familie diesen Einsatz von ihm erwarte. Er habe geglaubt, dass ein Familienvater hart arbeiten müsse, um Geld nach Hause zu bringen. Er habe nicht gewollt, dass Ihre Mutter oder Sie beide je arbeiten müssten.«

Da meldete sich Paula zu Wort: »Er wollte einfach keine Ruhe geben. Wie oft haben wir ihn gebeten, nicht mehr so viel zu arbeiten! Aber er hörte nicht auf uns. Meine Mutter sagte, er sei stur!«

»Und dann machte seine Firma pleite«, fügte Adrienne hinzu. »Ich glaube, das hat er schlichtweg nicht verkraftet. Er war lange Zeit völlig depressiv. Er zog sich zurück und sprach kaum noch. Wir verstanden nicht, was mit ihm los war.«

»Er redet davon, dass er alle enttäuscht habe«, berichtete ich. Seine Verzweiflung war deutlich zu spüren. »Ihr Vater konnte sich nicht annehmen, so wie er war. Er sagt, dass er überkritisch mit sich selbst gewesen sei. Er wünscht sich, er wäre weniger streng mit sich gewesen und hätte das Leben mehr genießen können. Er möchte Ihnen sagen, dass er jetzt anfinge, sich selbst anzunehmen.«

»Das ist gut!«, gab Paula zurück. »Wir lieben dich, Daddy.«

»Er hat sich die ganze Zeit über immer nur um andere gekümmert, und so blieb ihm keine Zeit mehr für sich selbst übrig«, sagte ich. »Ihr Vater deutet auf ein Handschuhfach … ein Handschuhfach in einem Auto. Ich sehe eine Hand hineingreifen. Haben Sie eine Ahnung, was das heißen könnte? Ich kann nur das Bild beschreiben, das er mir sendet.«

»Ja«, nickten die beiden jungen Frauen. »Da drin war die Pistole«, fuhr Paula fort. »Die Pistole, mit der er sich im Auto erschossen hat.«

Plötzlich fühlte ich den kalten, metallenen Lauf einer Pistole in meinem Mund. Ich spürte, wie der Auslöser gedrückt wurde, und dann kam die Explosion in meinem Kopf. Ich war völlig benommen und musste mich einige Minuten lang sammeln, bevor ich mit dem Reading fortfahren konnte.

»Ihr Vater lässt Ihnen sagen, dass es ihm jetzt gut gehe. Er fühle sich außerordentlich lebendig, und er sei mit Mums zusammen. Wissen Sie, wer das ist?«

»Mums ist seine Mutter. Sie ist vor einiger Zeit gestorben. Ich freue mich, dass sie bei ihm ist«, gab Paula zurück.

»›Sie hat mir einen Apfelkuchen gebacken‹, sagt Ihr Vater.«

»Der war ihre Spezialität. Wann immer wir krank oder traurig waren, hat sie uns einen Apfelkuchen gebacken. Und danach ging es uns schon gleich wieder besser«, bestätigte Paula.

Kaum hatte sie das gesagt, hatte ich das Gefühl, dass jeder der beiden jungen Frauen wie zum Trost ein Teller mit einem Stück Apfelkuchen gereicht wurde.

Wenige Monate nach dieser Séance rief mich Adrienne an, denn sie hatte von ihrem Vater geträumt. Sie war gemeinsam mit ihm und Peanut, dem Hund, in einem Park. Ihr Vater zeigte ihr ein herrliches Haus aus weißem Marmor, das er sich gebaut hatte. Die Zimmer hatten hohe Decken und wirkten luftig und geräumig. Er erklärte ihr, dass dieses Haus ein Symbol für die Liebe sei, die er in seinem Inneren gefunden habe; er behandele sich jetzt wie ein König. Und warum nicht? Er hatte es schließlich verdient!

Meine Prinzessin

Als ich Anthony kennen lernte, fühlte ich mich beinahe wie David bei der Begegnung mit Goliath. Mit seinen knapp zwei Metern Größe, dem prüfenden Blick aus dunkelbraunen Augen und dem kurz geschorenen Schnurrbart wirkte er fast ein wenig unheimlich. Und trotzdem schien er sich in meiner Praxis nicht recht wohl in seiner Haut zu fühlen, denn er wippte nervös mit dem Fuß. Um ihm die Unsicherheit zu nehmen, fing ich an, ihm Näheres über meine Arbeitsweise zu erzählen, aber er nickte nur und murmelte: »Aha.«

Die erste Viertelstunde war überaus zäh. Meine Intuition sagte mir, dass er gesundheitliche Schwierigkeiten hatte und es auch bei seiner Arbeit ein potenzielles Problem gab. Doch mehr als ein knappes »Aha« konnte ich ihm mit meinen diesbezüglichen Hinweisen nicht entlocken. Ich befürchtete schon, dass der Mann emotional so leer sei, dass es mir kaum gelingen würde, mich für ihn auf die jenseitige Welt einzustellen.

Endlich aber trafen erste geistige Impulse ein.

»Kennen Sie einen Mann namens Joseph?«, fragte ich ihn. »Er hat irgendetwas mit Philadelphia zu tun.«

Er knurrte. »Nein. Oder doch, ja.«

Ich sagte ihm, dass dieser Mann über seinen Vater spreche. Mit dieser Äußerung entlockte ich dem einsilbigen Mann die ersten Worte. Joseph, so erklärte er mir, sei der Vater seines Vaters. Die Botschaft von Anthonys Großvater war gespickt mit den erstaunlichsten Details. So nannte er beispielsweise den Namen des Parks, in dem dieser als kleiner

Junge gespielt hatte, die Namen seiner beiden Schwestern und die Umstände seines Todes. Doch der Riese, der mir da gegenübersaß, schien ungerührt und alles andere als beeindruckt. Bis ich ihm einen bestimmten Namen nannte.

»Ihr Großvater spricht über eine Frau namens Donna. Können Sie mit dem Namen etwas anfangen?«

»Ja, das kann ich«, antwortete er und zog die Augenbrauen hoch.

»Ich soll Ihnen sagen, dass er Donna bei sich habe. Sie sei für Sie gekommen. Sie möchte mit Ihnen sprechen, verstehen Sie?«

Kaum hatte ich das gesagt, fing Anthony heftig zu schluchzen an. Dieser stoisch wirkende, ernste Mann, der bis dahin keinen einzigen Satz hervorgebracht hatte, weinte auf einmal wie ein Kind. Ich behielt ihn im Auge, so gut es ging, denn ich musste mich konzentrieren, um weiterhin offen für den Empfang der Schwingungen aus der geistigen Welt zu bleiben.

»Ich höre jetzt die Stimme einer Frau. Sie spricht in einer Art Singsang. Sie ruft ›Ton!‹ Ich nehme an, das ist die Abkürzung für Tony.«

»So hat sie mich immer genannt«, brachte Anthony hervor. »Wie geht es ihr? Mein Baby, mein Baby. Bitte sagen Sie ihr, dass es mir Leid tut. Bitte sagen Sie es ihr.«

»Sie sagt, es ginge ihr großartig! Sie ist sehr attraktiv. Die Frau, die ich sehe, hat eine Bilderbuchfigur und langes braunes Haar. Sie könnte Fotomodell sein.«

Anthony nickte zustimmend.

»Sie sagt mir, dass Sie immer der Boss gewesen seien. Und sie zeigt mir einen Schrank voll mit Kleidern; und Hunderte von Schuhen. Unglaublich! So viele Kleider, Mäntel,

Schuhe und alles Mögliche andere Zeug. Sie sagt mir, dass Sie die ganze Kleidung für sie ausgesucht hätten. Stimmt das?«

»Ja, das stimmt. Ich habe ihr alles gekauft. Alles. Sie war meine Prinzessin, und genauso habe ich sie angezogen.«

»Jetzt zeigt sie mir Ringe mit Diamanten und Rubinen, Ohrringe, Armbänder – allen möglichen Schmuck.«

»Ich habe ihr das alles geschenkt. Es gab nichts auf der Welt, was ich ihr nicht geschenkt hätte. Sie sollte die schönste Frau auf der ganzen Welt sein!«

»Donna sagt mir, Sie hätten sie perfekt haben wollen. Und jetzt erzählt sie von Las Vegas. Dass sie in Las Vegas gearbeitet habe oder dort gewesen sei.«

Anthony war inzwischen voll bei der Sache.

»Ja«, sagte er. »Wir haben uns in Las Vegas kennen gelernt. Ich war damals mit ein paar Freunden dort gewesen.«

»Sie redet von irgendeinem Preis oder einer Wette.«

»Oh Gott!«, rief Anthony. »Woher zum Teufel weiß sie das?« Er rieb sich ungläubig die Augen und fing dann stockend an zu reden, so als würde er ein tiefes, dunkles Geheimnis enthüllen.

»Ich ... Ich habe sie gewonnen.«

»Wie bitte?«

»Ich habe sie bei einer Wette unter Männern gewonnen. Aber es ist nicht so, wie es vielleicht klingen mag. Ich habe mich in sie verliebt. Wir haben uns geliebt«, sagte er treuherzig.

Mir ist in meiner Karriere als Medium schon einiges zu Ohren gekommen, aber so etwas hatte ich noch nie gehört. Ich weiß noch, wie ich dachte: *Wenn du glaubst, du wüsstest schon alles ...*

»Es ist ganz anders, als es sich anhört«, fing Anthony an. »Zuerst dachte ich, sie wäre bloß eine Hure. Sie wissen schon. Aber sie war ein wirklich guter Mensch. Für mich war sie noch mehr als das. Ich liebte sie. Wirklich. Und sie liebte mich auch. Es war etwas ganz Besonderes. Wir haben geheiratet, aber …«

Hier versagte seine Stimme. »Ich bin nicht richtig mit ihr umgegangen. Ich habe mich benommen wie ein Schwein.« Er schüttelte den Kopf, und die Tränen liefen ihm übers Gesicht.

Ich reichte ihm eine Packung Taschentücher, versuchte, ihn zu trösten und fragte, ob wir die Sitzung lieber unterbrechen sollten. Aber er wollte unbedingt mit seiner »Baby Doll« in Kontakt bleiben.

»Weiß sie, dass ich versucht habe, zu ihr zu kommen? Sagen Sie es ihr. Sagen Sie ihr, dass mir das mit der Operation Leid tut. Bitte sagen Sie es ihr!«

Ich erklärte Anthony, dass er ihr diese Gedanken selbst senden könne, dass sie ihn verstehen würde.

Doch in diesem Augenblick unterbrach Donna. »Sie will, dass ich Sie wegen der goldenen Manschettenknöpfe frage. Bei dem Paar, das sie mir zeigt, ist ein Anker eingraviert.«

»Ja, die hat sie mir zu unserem Hochzeitstag geschenkt.«

»Sie sagt, Sie würden sie nie tragen.«

»Du meine Güte, ich habe sie mir erst gestern angesehen. Ich kann es kaum glauben. Das wirkt alles so real.«

»Donna sagt mir, dass sie ihr Glück jetzt gefunden habe. Sie sollen wissen, dass es nicht nur Ihr Fehler war, sondern sie selbst an der Sache mit schuld gewesen sei. Sie hätte es besser wissen sollen. Sie hätte wissen sollen, wie hübsch sie war, aber sie habe es einfach nicht geglaubt.«

Anthony sah mich mit seinen verweinten Augen an und sagte mit unendlich sanfter Stimme: »Ich habe versucht, sie so zu machen, wie *ich* sie haben wollte. Ich war ein Idiot. Jetzt habe ich gar nichts mehr.«

Ich senkte den Blick. Dann hörte ich Donna wieder.

»Donna spricht von Reisen nach Paris und Beverly Hills. Sie zeigt mir einen Spiegel. Ich weiß nicht, was das zu bedeuten hat, aber sie zeigt mir einen Spiegel.«

»Das ist es. Ich bin mit ihr dorthin geflogen, denn sie sollte dort operiert werden«, erklärte Anthony.

Mehr der Neugier halber fragte ich nach: »Was für eine Operation sollte denn gemacht werden?«

»Na, ihr Körper und ihr Gesicht. Ich kannte da ein paar Ärzte, die etwas an ihrem Aussehen machen konnten. Sie wissen schon, um sie zu verändern ..., um sie so aussehen zu lassen, wie ich sie haben wollte. Darum hat sie sich einer Reihe von Eingriffen unterzogen.«

»Wie vielen?«

»Ich weiß nicht. So um die zwanzig. Ich weiß, dass ich sie hätte zurückhalten müssen. Aber sie wollte mir gefallen. Sie wollte so sein, wie ich sie haben wollte. Ich bin schuld daran, dass sie gestorben ist. Ich bereue es ja so.«

Ich war schockiert. Mit persönlichen Wertungen wollte ich mich dennoch zurückhalten, und so hoffte ich, dass sich im weiteren Verlauf der Sitzung irgendetwas ergeben würde, um die Situation zu einem positiven Ende führen zu können.

»Sie weiß, dass es Ihnen Leid tut«, betonte ich. »Sie spricht von Cliff. Clifford. Sie will nicht, dass Sie ihn verklagen.«

»Ich bin diese Woche bei Gericht. Bei Donna sollte eine Brustverkleinerung vorgenommen werden. Er hat die Narkose überdosiert. Er hat sie umgebracht!«

»Weisen Sie dem Mann nicht die Schuld zu«, widersprach ich. »Donna meint, es sei ihr Herz gewesen. Sie sei wegen eines Problems am Herzen gestorben. Es habe daran gelegen, wie sie auf die Narkose reagiert habe.«

»Cliff war der Anästhesist«, beharrte Anthony. »Er hat ihr die falschen Medikamente gegeben. Aber ich weiß, dass eigentlich ich selbst die Schuld trage. Ich habe gewollt, dass sie sich operieren lässt. Sie hat es für mich getan. Wie kann sie mir je verzeihen?«

»Sie weiß, dass es Ihnen Leid tut, und sie verzeiht Ihnen«, betonte ich noch einmal. »Sie sagt, dass sie sich jetzt endlich selbst gefiele. Jetzt erst habe sie erkannt, dass Schönheit nicht etwas ist, was von außen kommt. Ihr Fehler sei gewesen, dass sie ihre innere Schönheit nicht habe sehen können, als sie noch mit Ihnen zusammen war. Sie habe es damals nicht besser gewusst. Sie möchte, dass Sie sich an Rosarita erinnern. Ich denke, sie spricht von Rosarita in Mexiko. Sie zeigt mir eine Art Café. Sie sitzen zusammen an einem kleinen Tisch und sind beide ganz glücklich.«

Ich sah Anthony an. »Eines Tages werden Sie so ein Café haben und sich keine Gedanken mehr darüber machen, wie der andere aussieht. Sie werden die Gesellschaft des anderen genießen und sich über die gute Atmosphäre freuen, die Sie geschaffen haben.«

Als Anthony meine Praxis verließ, war er ein neuer Mensch. Während seiner tränenreichen Beichte hatte er wegen seiner unwürdigen Erwartungen an Donnas Aussehen regelrechte Höllenqualen durchlitten. Statt zu erkennen, dass die Liebe, die sie beide füreinander empfanden, das eigentlich Schöne war, hatte er versucht, eine hübsche Puppe aus ihr zu machen.

Am Ende war er erleichtert, dass es die Frau seines Lebens noch gab und sie sich eines Tages im Himmel wieder sehen würden.

Es ist unglaublich!

Ich möchte an dieser Stelle von einem wunderbaren Erlebnis mit einer bemerkenswerten Familie berichten. Ursprünglich waren zwei Personen bei mir angemeldet, doch dann standen auf einmal fünf vor der Tür. Als Erste betrat Cleo Monroe, die Mutter, den Raum, gefolgt von ihren Töchtern Jasmine und Caroline, die wiederum ihren Ehemann Walter im Schlepptau hatte. Walter schob einen jungen Mann von etwa zwanzig Jahren im Rollstuhl herein. Es war Lenny, und er litt an einem Muskelschwund in so fortgeschrittenem Stadium, dass er kaum noch sprechen konnte. Dennoch spürte ich gleich, dass er spirituell relativ hoch entwickelt war. Nachdem Walter den Rollstuhl seitlich im Raum positioniert hatte, nahmen die anderen auf dem Sofa und den bereitstehenden Stühlen Platz.

Gleich fiel mir positiv auf, welch offener, fröhlicher Umgangston in dieser Familie herrschte – nichts von dem Unmut und den Nörgeleien, die ich sonst so oft erleben musste. Nach den üblichen einführenden Worten über meine Arbeit lehnte ich mich zurück und meditierte, um mich für die Impulse aus der geistigen Welt zu öffnen. Von diesen Menschen ging sehr viel Liebe aus, und so wusste ich, dass mich eine außergewöhnliche Erfahrung erwartete.

Ich gewahrte ein großes, weibliches Geistwesen rechts neben Cleo. Sie trug ein mintgrün gestreiftes Kleid und einen weißen Hut und war in Begleitung eines männlichen Geistwesens im dunkelblauen Anzug mit himmelblauer Krawatte erschienen, der etwa fünf Zentimeter kleiner war als sie. Die beiden begrüßten mich mit strahlendem Lächeln, und ich wusste sofort, dass sie Cleos Eltern waren, was sie auch sogleich bestätigten.

»Ihre Mutter benutzt das Wort ›Mama‹«, sagte ich.

Alle nickten zustimmend, und Cleo antwortete: »Ja, so haben wir sie genannt. Wie geht es ihrem Rheuma?«

Cleos scherzhafte Bemerkung löste allgemeine Heiterkeit aus.

»Mama meint, dass ihr die hübschen Engel im Fenster so gut gefielen, und dass Sie noch nicht aufgeben sollten. Es sei zu früh.«

»Siehst du, Ma, das habe ich doch gleich gesagt!«, warf Caroline ein. »Ich hatte die ganze Zeit das Gefühl, dass wir noch nicht verkaufen sollten.«

»Ihr Vater rät, dass Sie nach all der vielen Arbeit nicht leichtfertig aufgeben sollten. Ich glaube, seine Worte sind an Sie alle gerichtet. Mama sagt noch einmal, wie schön sie die Engel finde. Und sie würden vielen Menschen helfen, ohne dass es Ihnen bewusst sei. Sie erzählt mir von dem Laden. Sie habe so viel Freude an dem Laden.«

»Das ist ja unglaublich!«, entfuhr es Walter.

»Warum?«, fragte ich zurück.

»Nun, wir haben mit dem Geld von Mamas Erbschaft einen Laden gekauft, aber er läuft nicht so gut, und darum überlegen wir, ob wir ihn nicht wieder verkaufen sollen.«

»Was ist das für ein Laden?«, erkundigte ich mich.

Walter sah mich direkt an. »Ein Engel-Laden. Wir verkaufen alles, was mit Engeln zu tun hat.«

Ein paar Augenblicke vergingen, bevor ich fortfuhr. »Diese Mama ist ein echtes Original. Ich mag sie. Sie strahlt so viel Lebensfreude aus.«

»Ja, da haben Sie Recht. Mama war ein richtiges Energiebündel!«, rief Cleo.

»Ihre Mutter sagt, Sie hätten gestern Abend *ihr* Kartoffelpüree gekocht.«

Da meldete sich Jasmine erstmals zu Wort. »Ja. Ma hat gestern nach Omas Rezept gekocht – Kartoffelbrei und gebratenes Hühnchen. Es war richtig lecker. Genau wie damals bei Mama.«

Da hörte ich Mamas Lachen in meinem rechten Ohr. Sie sagte: »Auf keinen Fall! Ihr habt viel zu viel Butter reingetan!« Als ich das weitergab, mussten alle lachen.

»Der Mann hier, heißt er Eddie? Er sagt immer wieder Eddie.«

»Ja«, bestätige Walter. »So hieß er.«

»Aber wir haben ihn immer Buddy genannt«, ergänzte Cleo. »Eddie war sein offizieller Name.«

»Ich habe den Eindruck, dass er humpelt. Hatte er etwas am linken Bein?«

Die beiden Mädchen nickten: »Ja!«

Und Jasmine fügte hinzu: »Es war eine Kriegsverletzung. Er wurde von einem Granatsplitter getroffen.«

»Jetzt tanzt er. Ich soll Ihnen sagen, dass er jetzt wieder ganz normal gehen könne.«

»Gott sei Dank!«, rief Cleo.

»Es macht wirklich Spaß, mit Ihnen zu arbeiten! Sie sind so offen. Irgendwie scheinen Sie ein besonderes Verständnis dafür zu haben, worum es bei der geistigen Kommunikation geht.«

»Das ist doch nur natürlich!«, meinte Cleo. »Wir sind schließlich damit aufgewachsen. Mama hat mich schon als kleines Mädchen mit zu spiritistischen Sitzungen genommen.«

»Und Mama hat aus Teeblättern unsere Zukunft gelesen!«, fügte Jasmine hinzu.

»Kein Wunder! Jetzt ist mir alles klar«, nickte ich.

Ich möchte an dieser Stelle noch einmal daran erinnern, dass Lenny die ganze Zeit in seinem Rollstuhl mit dabeisaß. Er konnte nicht reden, aber er weinte vor Freude, besonders wenn er die Botschaften verstand. Auf einmal meldete sich völlig unerwartet ein anderes Geistwesen, dessen Stimme mich überraschte.

»Sagt Ihnen der Name Ross etwas?«

Da entfuhr Lenny ein lauter Schrei.

»Ja«, riefen alle. Caroline klärte mich auf: »Das ist unser Vater.«

Und dann redeten auf einmal alle durcheinander: »Wie geht es dir, Daddy? Wie fühlst du dich?« Nur mit Mühe konnte ich mich darauf konzentrieren, was ihr Vater zu sagen hatte.

Ich sollte vielleicht darauf hinweisen, dass Daddy es anders als andere Geistwesen vorzog, sich nicht physisch zu zeigen, sondern allein seine Persönlichkeit auf mich wirken ließ.

Ich beschrieb der Familie, was ich empfing. »Dieser Mann hier ist etwas schwierig. Ich meine, er erscheint mir ziemlich stur und will sich von niemandem sagen lassen, was er zu tun und zu lassen hat. Können Sie mit dieser Aussage etwas anfangen?«

»Oh, ja!«, riefen alle gleichzeitig.

»Er war ein ziemliches Ekel«, bestätigte Cleo. »Das warst du doch, Daddy, nicht wahr?« Ross war ihr Mann, aber sie nannte ihn Daddy so wie die anderen auch.

»Er dachte, er wüsste alles und hielt uns für völlig verrückt«, fügte sie lachend hinzu.

Und dann erzählte sie mir, was ihr Mann von spirituellen Dingen gehalten hatte.

»Er hat nichts von alledem geglaubt. Er meinte, wenn du stirbst, dann wirst du in einem Loch verscharrt und von den Würmern zum Abendessen verspeist.«

»Wann immer einer von uns über den Himmel geredet hat, meinte Daddy, selbst wenn es den gäbe, würden wir bestimmt nicht dorthin kommen, weil wir wegen unseres ständigen Geredes mit den Toten sowieso zur Hölle fahren würden«, pflichtete Jasmine ihr bei.

»Die Bibel war für ihn die oberste Instanz«, griff Caroline den Faden auf. »Er glaubte nur an das, was dort schwarz auf weiß zu lesen stand. Sein Vater war Prediger in Mississippi.«

Lenny stieß wieder einen seiner spitzen Schreie aus, als wollte er damit die Worte seiner Schwester unterstreichen.

In diesem Augenblick empfing ich starke Gefühlsimpulse von Daddy, und so fing ich wieder zu sprechen an. »Hatte Ihr Vater vor seinem Tod Probleme mit der Lunge? Ich spüre nämlich Atemnot. Ich habe das Gefühl, keine Luft zu bekommen.«

»Er ist an einem Emphysem gestorben«, nickte Walter.

»Ihr Vater sagt, dass er eine Frau namens Libby getroffen habe.«

»Oh ja, das war seine Schwester. Sie ist vor etwa zwanzig Jahren gestorben«, antwortete Cleo.

»Er meint, dass er sich an das Krankenhaus erinnere und daran, wie schwer ihm das Atmen gefallen sei. Er habe von seinem bevorstehenden Tod gewusst; und nachdem er gestorben sei, sei er in einer wunderschönen Umgebung erwacht. Es habe wie in einem Krankenhauszimmer ausgesehen, aber doch ganz anders als auf der Erde. Zuerst habe er geglaubt zu träumen, weil alles so schön gewesen sei. Nun zeigt er mir einen blühenden Garten und Menschen und gibt mir zu verstehen, dass er nicht gewusst habe, wo er gewesen sei.

Als dann auf einmal seine Schwester Libby zu ihm gekommen sei, habe er es erst gar nicht glauben wollen. Er habe geglaubt, Jesus und die Engel sehen zu müssen, aber sie habe ihm erklärt, dass es im Jenseits ganz anders sei; dass er mit lauter Leuten zusammenkommen würde, die er seit Jahren nicht gesehen habe. Er habe sich so real gefühlt, und auch die Umgebung sei ihm überaus real erschienen. Dann habe er seine Mutter und seinen Vater gesehen. Sie seien im Sonntagsstaat erschienen. Jetzt lacht er. Er sagt, seine Mutter habe fast ihr ganzes Leben lang weißes Haar gehabt, aber jetzt sei es braun. Auch das Geburtsmal, das sie am Hals gehabt hätte, sei verschwunden. Er meint, er sei jetzt in einer herrlichen Umgebung auf dem Land. Es sähe fast so aus wie dort, wo er aufgewachsen sei. Alles sei so still und ruhig. Er sagt, er ginge jeden Tag zum Angeln.«

»Wir sind oft zusammen zum Angeln gegangen«, warf Walter ein.

»Es tut ihm Leid, nie an ein Leben außerhalb der irdischen Existenz geglaubt zu haben. Er weiß jetzt, dass es die natürlichste Sache der Welt ist weiterzuleben, wenn wir den Körper verlassen haben. Er bedauert, nicht auf Sie gehört zu haben, wenn Sie über die spirituelle Seite des Lebens zu ihm sprachen. Er sei jetzt eines Besseren belehrt worden. Es sei auf jeden Fall ganz anders, als er immer gedacht habe.«

»Es ist schon gut, Daddy. Wir lieben dich«, gab Caroline zurück.

Die anderen, einschließlich Lenny, stimmten ihr zu.

Dann wandte sich Ross an seinen Sohn Lenny mit einer überaus berührenden Botschaft: »Du wurdest mit dieser schweren, degenerativen Krankheit auf die Erde gesandt, um die Menschen in deinem Umfeld zu lehren, was bedingungslose Liebe ist.

Und auf diese Worte hin riefen alle: »Halleluja!«

Die liebevolle Akzeptanz, die aus Ross' Botschaft sprach – wie im Übrigen auch die menschliche Wärme, die die ganze Familie Monroe ausstrahlte – sind etwas überaus Kostbares und Seltenes. Perfektion suchen wir meist entweder in der äußeren Welt wie Anthony oder in uns selbst wie Carl. Vielleicht wurde uns das von unseren Eltern oder Lehrern eingeimpft, die uns mit ständiger Kritik dazu brachten, unser Bestes zu geben, um es ihnen recht zu machen. Perfektionismus ist ein Fluch.

Letztlich kann das Leben nicht wirklich befriedigend sein, wenn wir uns nicht unseres inneren Potenzials, unserer Verbindung mit der Gotteskraft, bewusst werden. Um dies zu erreichen, müssen wir all unsere Erwartungen loslassen und so leben, wie es unserer Einzigartigkeit entspricht. In Frieden leben werden wir erst, wenn wir im Einklang mit der Wesensart unserer Seele sind.

9
Schuld

> Wir leiden nicht in erster Linie unter unseren
> Lastern oder Schwächen, sondern unter unseren
> Illusionen. Was uns verfolgt, ist nicht die Wirklichkeit, sondern die Bilder, die wir an die Stelle
> der Wirklichkeit gesetzt haben.
>
> DANIEL J. BOORSTIN

Wie oft habe ich die Menschen sagen hören: »Ein gewisses Schuldbewusstsein kann der Seele nicht schaden.« Aber ich bin da ganz anderer Meinung. Wenn ich dies sage, dann rede ich nicht von echter Reue über einen Fehler, den wir wieder gutmachen können. Ich spreche vielmehr von jener Art von Schuld, die in Selbstbestrafung ausartet und mit Gefühlen von mangelndem Selbstbewusstsein und Unzulänglichkeit einhergeht.

Wie oft fühlen wir uns schuldig, weil wir nicht so sind oder uns nicht so verhalten haben, wie es unseren selbst gesetzten Erwartungen entspricht. Solche Erwartungen aber sind in der Regel auf Angst gegründet. Wir sagen oder tun etwas, weil wir meinen, die Wahrheit dürfe nicht ausgesprochen werden. Später bereuen wir unsere Lügen und Schnitzer und machen uns deswegen bittere Vorwürfe. Wir fühlen uns wie Sünder, die für ihre Schandtaten Buße tun müssen.

Jede Form der Selbstverdammung ist schlecht für die Seele. Schuldgefühle stören nicht nur die Harmonie des Geist- und Emotionalkörpers, sondern können zudem, wie die nachstehenden Trancebotschaften zeigen, die verschiedensten Krankheiten verursachen.

Ich glaube, ich habe sie umgebracht

Die folgende Sitzung fand im Jahr 1995 bei mir zu Hause statt. Ich hatte mit Fernsehauftritten in *The Joan Rivers Show* und der NBC-Sendung *The Other Side* gerade einen gewissen Bekanntheitsgrad erreicht. Eine Frau, die mich im Fernsehen gesehen hatte, bat mich brieflich um ein Reading. Sie schrieb: »Mein Leben ist zerstört, und ich kann so nicht weitermachen.«

Dana war etwa einen Meter siebzig groß und übergewichtig. Als sie eintrat, spürte ich die ganze Verzweiflung und Depression, die auf ihr lastete. Es war eine gewisse Schwere im Raum.

Sie begrüßte mich mit einem charmanten, deutlich vom Dialekt der Südstaaten geprägten »Guten Morgen!« und dankte mir überschwänglich dafür, ihr doch noch einen Termin gegeben zu haben. »Als Ihre Assistentin mich anrief und mir sagte, dass jemand anderes abgesagt hat und ich heute kommen kann, konnte ich es kaum fassen«, meinte sie. »Das ist doch ein Zeichen des Himmels! Heute ist nämlich der Geburtstag meines Vaters!«

Ich sagte ihr, dass die geistige Welt so manche Überraschung in petto hielte, um unsere Aufmerksamkeit auf sich zu lenken. Und sie quittierte meine Worte mit einem vielsa genden Lächeln, so als wüsste sie etwas, von dem ich keine Ahnung hatte. Wir setzten uns, und ich sprach mein Gebet.

Es dauerte etwa eine halbe Stunde, bis sich Elsie meldete – jenes Geistwesen, auf das Dana offenbar wartete.

»Hier ist eine Frau mit einem wunderschönen Blumenkleid. Sie hat ganz zarte Haut und braunes Haar, das sie zu einem hohen Pferdeschwanz zusammengebunden hat. Sie sagt, dass sie jetzt eine richtig volle Mähne habe und nicht mehr nur ein paar Strähnen!«

Als Dana das hörte, zog sie ein Taschentuch aus der Packung, um sich die Tränen aus den Augenwinkeln zu wischen.

»Das ist meine Mutter. Geht es ihr gut?«, fragte sie leise.

»Sie sagt ja. Sie sei gut drüben angekommen. Sie erzählt etwas von einer Narbe. Einer Narbe an der Lippe. Stimmt das?«

Dana schüttelte den Kopf: »Um ganz ehrlich zu sein, ich erinnere mich nicht. Warum sollte sie so etwas sagen?«

»Als Identitätsnachweis. Meine Führer bestehen darauf, dass sich ein Geistwesen stets anhand nachprüfbarer Informationen zu erkennen gibt.«

Dana griff nach ihrer Handtasche und fing an, darin herumzukramen. Kurz darauf zog sie ein Foto heraus und betrachtete es.

»Ja, Sie haben Recht. Sie hatte tatsächlich eine kleine Narbe an der Unterlippe. Hier, sehen Sie selbst.« Sie reichte mir das Bild, und die Narbe war in der Tat deutlich zu erkennen.

»Ihre Mutter spricht von einer Frau namens Stella. Kennen Sie die?«, fuhr ich fort.

»Ja, das ist meine Schwester.«

»Sprechen Sie nicht mit Ihrer Schwester? Ihre Mutter sagt mir, dass Sie sich gestritten hätten. Gibt es da noch einen Mann namens Paul?«

Dana glaubte, ihren Ohren nicht trauen zu können. Sie sah mich staunend an.

»Ja, Paulie, das ist mein Bruder. Ja, wir haben uns gestritten. Oh, mein Gott. Was sagt sie? Bitte hilf mir, Mom!«

»Ihre Mutter zeigt mir irgendein juristisches Schriftstück. Ich weiß nicht, was es damit auf sich hat, aber es sieht aus, als ginge es um eine gerichtliche Angelegenheit. Das Gefühl, das sie mir übermittelt, deutet auf einen Prozess oder eine Anhörung hin.«

»Sprechen Sie weiter«, sagte sie. »Ich weiß, worum es geht.«

»Sie sagt, dass nichts Gutes dabei herauskommen würde. Sie sollten den anderen sagen, dass das Ganze nichts brächte und dass es nicht richtig sei, sich so zu verhalten.«

»Die werden mir das nie glauben. Wie kann ich sie dazu bringen, es mir zu glauben?«, wollte Dana wissen.

»Spielen Sie ihnen die Bandaufnahme von dieser Sitzung vor«, schlug ich vor.

Sie reagierte nicht auf meine Antwort und schien so ratlos wie zuvor.

»Ich soll Ihnen sagen, dass Ihre Mutter jetzt mit Marty zusammen sei. Können Sie etwas mit diesem Namen anfangen?«

Dana fing wieder zu weinen an. »Ja, alles Gute zum Geburtstag, Daddy!«

»Ich spüre, dass der Mann geraucht hat und unter Atembeschwerden litt.«

»Ja, er ist an einem Emphysem gestorben. Geht es ihm gut?«

»Ja. Er kümmert sich um Ihre Mutter. Und er ist noch mit jemand anderem zusammen. Der Name hört sich an wie Don.«

Dana nickte bestätigend. »Ja, Donnie, sein Bruder. Er ist vor einem Monat gestorben.«

In diesem Augenblick nahm die Sitzung eine dramatische Wendung.

»Ihre Mutter zeigt mir eine Szene, in der Sie neben ihrem Bett knien und den Rosenkranz beten.«

»Ja, ja!«, rief Diana. »Ich habe jeden Tag für sie gebetet. Sie sollte nicht länger leiden müssen. Sie stöhnte den ganzen Tag vor Schmerzen. Ich musste ihr helfen. Ich betete um Hilfe. Ich hoffe, ich habe das Richtige getan, Mom.«

Ich fuhr mit der Beschreibung meiner Eindrücke fort und versuchte, sie so präzise wieder zu geben wie nur irgend möglich.

»Lag ihre Mutter im Koma?«, erkundigte ich mich.

»Ja«, bestätigte Dana tränenüberströmt. »Sie hatte einen Schlaganfall. Sie konnte nicht mehr selbständig atmen. Sie haben sie an Maschinen angeschlossen. Ich konnte es nicht mehr mit ansehen.«

Was ich dann sagte, konnte ich selbst kaum fassen:

»Ihre Mutter sagt mir, dass Sie ihr den Schlauch aus dem Hals gezogen hätten.«

Dana zitterte. Sie senkte den Blick.

»Ja … ja, ich hab's getan. Ich wollte sie nicht umbringen. Ich konnte es nur nicht aushalten, diese Quälerei noch länger mit anzusehen.«

Ich war erschüttert. Durch meine Arbeit bin ich ja allerhand gewöhnt, aber auch ich bin nur ein Mensch. Ich sollte zwar immer um äußerste Objektivität bemüht sein, doch in der Praxis erweist sich das nicht immer als einfach.

Ich fühlte, wie sehr die junge Frau unter der Situation litt. Nach einer Weile fuhr ich mit der Übermittlung der Botschaft fort.

»Ihre Mutter sagt, es sei nicht schlimm. Sie hätten Mut bewiesen. Es sei ein Akt der Liebe gewesen. Sie sollten begreifen, dass Sie es aus Liebe getan hätten. Und sie meint, Gott habe sie beizeiten heimgeholt.«

Immer noch mit gesenktem Blick fragte Dana: »Habe ich sie umgebracht?«

»Ihre Mutter sagt, es habe nicht in Ihrer Hand gelegen. Sie sei am Leben geblieben.«

Ich beugte mich vor, berührte Dana an der Wange und hob ihren Kopf. »Ihre Mutter ist nicht sofort gestorben, nicht wahr?«

Dana schüttelte den Kopf. »Nein. Sie lebte noch eine Woche. Die Ärzte sagten, ihr Herz sei viel zu schwach, und schließlich hörte es auf zu schlagen.«

»Und warum machen Sie sich dann solche Vorwürfe?«, wollte ich wissen. »Sie haben sie nicht umgebracht. Sie ist eines natürlichen Todes gestorben.«

»Weil Paulie und Stella behaupten, dass ich sie getötet hätte. Sie haben mich verklagt. Ich weiß nicht, wie ich das noch länger aushalten soll.«

Etwa fünf Minuten saß ich schweigend da. Plötzlich spürte ich, wie mir jemand auf die Schulter klopfte. Es war Danas Vater Marty. Er teilte mir einen Namen mit.

Ich beugte mich vor und fragte: »Kennen Sie einen Simon?«

Sie sah mich verwundert an. »Das ist aber seltsam. Warum fragen Sie mich das? Ich treffe mich heute Nachmittag mit ihm. Er ist Anwalt. Er wurde mir von einem Freund empfohlen.«

»Ihr Vater lässt Ihnen sagen, dass dieser Simon Ihnen helfen und alles gut ausgehen würde. Er sagt, Simon sei ein Gesandter des Himmels.«

Als ich ihr das sagte, hellte sich Danas Miene sofort auf. Am Leuchten ihrer Augen konnte ich ablesen, dass diese junge Frau, die von ihrer Familie verfemt wurde und sich selbst zu Höllenqualen verdammt hatte, auf einmal neuen Lebensmut schöpfte. Endlich hatte sie das Licht gesehen.

Wenige Monate später rief mich Dana an, um mir zu danken. Simon hatte ihr tatsächlich geholfen. Die Anklage war fallen gelassen worden, und sie war gerade dabei, sich mit ihren Geschwistern auszusöhnen. Sie ließ mich auch wissen, dass sie fünfzehn Kilo abgenommen hatte und sich gelegentlich zu einem Rendezvous verabredete.

Ein wohl gehütetes Geheimnis

Als Robin, eine junge Frau von etwa fünfundzwanzig Jahren, zu mir kam, wunderte ich mich, was sie wohl zu mir führte. *Sie ist doch viel zu jung, um jemanden verloren zu haben,* ging es mir durch den Kopf. Ich tat also genau das, wovor ich meine Schüler immer warne – ich schaltete den rationalen Verstand ein. Kurz nachdem ich mein Gebet gesprochen und mit dem Reading begonnen hatte, bekam ich ein merkwürdiges Gefühl:

»Auch wenn das ein wenig sonderbar klingen mag, aber ich habe Lust, das Lied ›Ring Around the Rosy‹* zu singen. Ich sehe zwei gleich angezogene blonde Mädchen spielen. Und sie singen dieses Lied.

---

* [Anm. d. Ü.: entspricht in etwa dem Deutschen »Ringelringel Rose«]

Sofort bestätigte mir Robin, dass sie damit etwas anfangen könne.

»Eine Frau meldet sich. Sie sagt, Sie hätten beide die gleiche Augen- und Haarfarbe. Macht das Sinn für Sie?«

»Ja, absolut«, nickte sie.

»Der Name Rachel drängt sich mir auf. Sie sagt ›Rachel‹. Sie steht Ihnen sehr nahe. Außerordentlich nahe. Ich weiß nicht warum, aber da ist eine extrem starke Verbindung. Es fühlt sich fast so an, als wären Sie ein und dieselbe Person.«

Mit hohler Stimme erwiderte Robin: »Rachel ist meine Zwillingsschwester. Sie ist vor einigen Jahren gestorben.«

»Zwillinge! Kein Wunder, dass sie Ihnen so nahe ist. Ihre Schwester zeigt mir ein hübsches Haus oben auf einer Anhöhe. Sie spricht von einem Umzug. Haben Sie gerade ein Haus gekauft? Und sie sagt so etwas wie ›Bluebird‹ – ein blauer Vogel. Verstehen Sie das?«

»Bluebird Lane!«, rief Robin verblüfft. »So heißt die Straße, in der das Haus steht.«

Wir schüttelten beide den Kopf. »Meine Güte!«, entfuhr es mir.

»Unglaublich!«, staunte sie.

»Ihre Schwester lässt Ihnen sagen, dass sie oft in Ihrer Nähe gewesen sei. Haben Sie sie gespürt?«

»Nein, eigentlich nicht. Ich habe nur von ihr geträumt.«

»Träume werden von Geistwesen als Kommunikationsmöglichkeit genutzt, aber ich glaube Ihre Schwester meint, dass sie Sie beobachtet hat.«

»Na, großartig!«, seufzte Robin. »Das ist ja wirklich toll!«

»Sie hat zugeschaut, wie Sie die Tapete ausgesucht haben. Sie mochte die Gelbe mit den kleinen Blüten.«

Die Überraschung stand Robin ins Gesicht geschrieben

»Oh, mein Gott. Ich habe doch nur die Musterbücher durchgesehen. Am Ende habe ich tatsächlich die genommen, von der sie spricht. Oh, mein Gott.«

»Sie hat versucht, Ihre Wahl dorthin zu lenken. Sie wusste, dass Sie ihre Botschaft empfangen haben, denn in dem Augenblick haben Sie an sie gedacht.«

»Das stimmt. Ich hielt sie hoch und fragte mich, wie sie wohl Rachel gefallen hätte.«

Kaum hatte Robin ausgesprochen, spürte ich eine Welle der Emotionen in mir aufsteigen. Mir standen die Tränen in den Augen, und ich brachte meine Gefühle zum Ausdruck:

»Ihre Schwester liebt Sie über alles, und sie lässt Ihnen sagen, dass sie habe gehen müssen. Aber sie wolle noch eine Weile in Ihrer Nähe bleiben und durch Sie am physischen Leben teilhaben. Ist es für Sie in Ordnung, wenn sie sich von Zeit zu Zeit meldet?«

Robin kämpfte jetzt selbst mit den Tränen. Sie wandte den Blick zur Decke und sagte: »Wann immer du möchtest, Rachel ... Ich liebe dich.«

In diesem Augenblick überkam mich ein eigenartiges Gefühl. Da saß eine junge Frau vor mir und sprach so liebevoll zu ihrer eineiigen Zwillingsschwester, die neben mir stand. Die beiden klangen völlig gleich, so dass es mir fast so vorkam, als würde ein und dieselbe Person Selbstgespräche führen.

»Sagen Sie ihr, dass es mir Leid tut«, unterbrach Robin meine Gedanken.

Ich sah sie unverwandt an, während ich auf die Antwort ihrer Schwester wartete.

»Sie reagiert nicht. Oder doch ... einen Moment ... Stimmte etwas nicht mit ihrem Blut? Sie zeigt mir Blutzellen, die angegriffen werden. Es dürfte sich um ihr Knochenmark handeln. Hatte sie etwa Leukämie?«

Robin brach in Tränen aus. »Ja.«

»Sie sagt mir, dass Sie Blut für sie gespendet hätten. Sie hätten geglaubt, ihr damit das Leben retten zu können.«

»Dumm von mir, nicht wahr?«

»Nein, warum sagen Sie das?«, gab ich zurück. »Das war doch eine schöne Geste. Ihre Schwester wird Ihnen diese Liebesbezeugung nie vergessen. Sie wird Ihnen immer dankbar sein.«

Robin schüttelte den Kopf. Dann brach es aus ihr heraus: »Aber es hat doch nichts genützt. Sie ist doch trotzdem gestorben. Wir waren die allerbesten Freundinnen. Ich vermisse sie so … Es ist alles meine Schuld! Ich bringe den Leuten nur Unglück!«

Es dauerte an die zehn Minuten, bis ich Robin beruhigt hatte. Nach und nach fand sie ihre Fassung wieder und schien sich gefangen zu haben.

»Robin, Ihre Schwester lässt Ihnen sagen, dass Sie nicht die Schuld an ihrem Tod trügen. Ihre Zeit sei abgelaufen gewesen. Sie sollten versuchen zu verstehen, dass es nicht an Ihnen gelegen hätte.«

Robin saß reglos da und starrte geradewegs durch mich hindurch.

Dann erhielt ich auf einmal eine überraschende Botschaft.

»Kennen Sie einen Menschen namens Jake?«

Sie senkte kurz den Blick, und dann fragte sie: »Was haben Sie gesagt? Jake?«

»Ja, Jake. Das ist der Name, den mir Ihre Schwester nennt.«

Zutiefst erschrocken barg Robin ihr Gesicht in den Händen.

»Ich soll Ihnen sagen, dass es Jake gut gehe. Er sei schon zurück. Er sei noch nicht dran und Sie noch nicht bereit gewesen. Es sei keine Sünde gewesen. Ich soll Ihnen unbedingt sagen, dass es keine Sünde gewesen sei!«

Robin wirkte halb entsetzt, halb ungläubig.

»Sie möchte nicht, dass Sie sich schuldig fühlen. Sie sollen sich keine Vorwürfe machen! Sie hatten keine Schuld. Bitte machen Sie sich keine Vorwürfe!«

Ich hatte keine Ahnung, worum es ging, und konnte nur hoffen, dass das Ganze für Robin Sinn machte. Doch als ich ihr Gesicht sah, wusste ich, dass die Botschaft angekommen war.

Leise sagte ich: »Sie sind in Sicherheit, und Sie werden sehr geliebt.«

Nach einigen Augenblicken brach Robin ihr Schweigen, um die mysteriöse Botschaft ihrer Schwester Schritt für Schritt zu entschlüsseln.

»Als ich sechzehn war, wurde ich schwanger, und meine Schwester und ich dachten uns den Namen Jake für das Baby aus. Wir benutzten nie das Wort ›schwanger‹, wir sagten nur ›Jake‹. Ich war gerade im zweiten Monat, als mich mein Freund verließ, und so blieb mir nichts anderes übrig, als eine Abtreibung vornehmen zu lassen. Meine Schwester war die Einzige, die etwas davon wusste. Sie versprach mir, nie jemandem etwas davon zu erzählen. Es war unser Geheimnis.«

Robin ließ den Kopf sinken, und die Tränen strömten ihr übers Gesicht.

Schluchzend erzählte sie, wie ihre Schwester kurze Zeit später an Leukämie erkrankt und gestorben sei.

»Ich hatte immer das Gefühl, für Rachels Tod verantwortlich zu sein. Dass sie sterben musste, betrachtete ich als Strafe Gottes für das, was ich Jake angetan hatte.«

Robins Geschichte berührte mich zutiefst, und ich empfand großes Mitgefühl für diese junge Frau, die sich mit solch niederschmetternden Schuldgefühlen quälte. Ausführlich erklärte ich ihr, dass Gott nicht rachsüchtig sei.

»Gott bestraft uns nicht«, sagte ich. »Das tun wir nur selbst.«

Ich versicherte ihr, dass die Seele niemals stirbt und nie physische Schmerzen zu erdulden braucht. Und ich erinnerte sie an das, was ihre Schwester gesagt hatte: »Jake ist schon auf die Erde zurückgekehrt, und er lebt jetzt an einem anderen Ort.«

Schließlich trocknete sich Robin die Tränen und schaute zur Decke, so als spräche sie ein stilles Gebet zu ihrer Schwester. Dann dankte sie mir.

»Die letzten Jahre sind für mich die reinste Qual gewesen. Ich war voll und ganz davon überzeugt, schuld an Rachels Tod zu sein.«

Als Robin meine Praxis verließ, war sie erleichtert und voller Lebensmut. Sie hatte das Mitgefühl und die Liebe ihrer Schwester gespürt und wusste nun, dass Rachel nicht nur über sie wachte, sondern weiterhin an den wichtigen Momenten ihres Lebens teilhatte. Als Zwillinge waren die beiden für immer miteinander verbunden, und nicht einmal der Tod konnte sie trennen.

Der Gewehrschuss

An einem Samstagabend eine Woche vor Weihnachten lud mich ein Ehepaar, das an mehreren meiner öffentlichen Veranstaltungen teilgenommen hatte, nach Pasadena/Kalifornien ein, wo ich für sechs mir unbekannte Menschen – vier Frauen und zwei Männern – Readings halten sollte. Ich wusste nicht, ob sie sich untereinander kannten oder sich überhaupt im Klaren darüber waren, was sie von mir zu erwarten hatten. Auf mein Befragen hin zeigten sie sich jedoch allesamt bereit, sich zu öffnen und sich dem verborgenen Schmerz und der Trauer in ihrem Inneren zu stellen. Nachdem ich ihnen Näheres über meine Arbeitsweise erklärt hatte, sprach ich mein Gebet. In der ersten Hälfte der Sitzung beschäftigte ich mich mit dreien aus der Gruppe. Zuerst meldeten sich die Großeltern des Gastgeber-Ehepaars mit Botschaften zu deren finanzieller Situation. Dann erschien die Tante einer der Frauen, die sich dadurch auswies, dass sie über den dreifachen Arbeitsplatzwechsel ihrer Nichte Bescheid wusste. Sie gab zu den verschiedensten Themen vom Magengeschwür bis hin zum Campingausflug Auskunft. Die Reaktionen der Anwesenden ließen auf eine allgemeine Zufriedenheit mit dem Verlauf der Séance schließen. Nur einer – ein Mann namens Rob – wirkte skeptisch.

Als ich während der Pause den Raum verließ, hörte ich zufällig, wie er sagte: »Der denkt sich das alles doch nur aus! Bei den vielen Fragen, die er stellt ... Und manche Sachen sind so allgemein gültig. Das könnte doch jeder machen!«

Als ich mich zu ihm umwandte, stieg meinem Kritiker die Schamesröte ins Gesicht, und beinahe hätte er sich an einem

Kartoffelchip verschluckt. Ich beschloss, mir vorerst jeden Kommentar zu verkneifen, und so seufzte ich nur mit einem Blick gen Himmel.

Als die Sitzung nach einer Viertelstunde wieder begann und ich mein Gebet gesprochen hatte, wurde meine Aufmerksamkeit sofort zu Rob hingezogen.

»Kann ich zu Ihnen kommen?«, fragte ich ihn.

Er sah mich mit ausdruckslosem Gesicht an. Dann lächelte er und meinte: »Also, dann nichts wie los!«

Ich spürte, dass Rob sich ausgesprochen unwohl in seiner Haut fühlte und krampfhaft versuchte, die Fassade zu wahren. Insgeheim, das war mir klar, versuchte er, dem Trick hinter der Sache auf die Spur zu kommen. Wenn sich jemand meiner Arbeit widersetzt, muss ich mich umso intensiver konzentrieren, um im Einklang mit der spirituellen Schwingungsebene zu bleiben, über die die Kommunikation erfolgt.

Ich hatte sogleich das Gefühl, das unmittelbar hinter Rob ein Mann stand. Je mehr ich meine Energien darauf konzentrierte, desto klarer trat er zutage. Er hatte sandfarbenes Haar, grüne Augen und ein charmantes Lächeln. Seine Hände ruhten auf Robs Schultern.

»Kennen Sie Akron in Ohio?«

Rob wurde blass. Ungläubig sah er sich im Kreis um. Mir schien, als warte er darauf, dass ihn irgendjemand mit einer Bemerkung aus seiner peinlichen Lage befreien würde. Dann schaute er mich an.

»Ja, da bin ich aufgewachsen, bis mein Vater versetzt wurde.«

»Erinnern Sie sich an St. Lucy – eine Kirche oder Schule?«

»Ja ... Natürlich ... Wie zum Teufel ...«

Rob fing an zu zittern und zu stottern. »Wer ist es? Wer spricht mit Ihnen?« Schon bröckelte Robs unnahbare Fassade.

Ich fuhr fort mit der Beschreibung meiner Eindrücke.

»Hier ist ein Mann, der behauptet, Sie zu kennen. Er sagt, dass er in Akron gelebt habe.«

»Ist es mein Großvater?«, wollte Rob wissen. »Er hat dort gewohnt. Genauer gesagt, er kam dort zur Welt und verbrachte seine Kindheit dort.« Nervosität sprach aus jedem seiner Worte.

»Der Mann spricht von einem Gewehr«, fuhr ich fort.

»Mein Großvater hatte ein Gewehr. Er brachte mir bei, wie man damit umgeht.«

Die Art der Schwingungen verriet mir, dass es sich bei dem Geistwesen, das hinter Rob stand, nicht um seinen Großvater handelte. Ich bat ihn mental, seine Identität preiszugeben. Inzwischen rutschte Rob unruhig auf seinem Stuhl hin und her, und sein Widerwille stand greifbar im Raum. Auch die anderen saßen wie auf glühenden Kohlen und konnten kaum abwarten zu erfahren, wer dieser geheimnisvolle Gast war.

»Es ist jemand, den Sie seit Jahren nicht gesehen haben. Er sagt mir, dass Sie sich wegen etwas oder jemandem namens Spike an ihn erinnern würden.«

Sichtlich schockiert riss Rob die Augen auf. Er zitterte am ganzen Leib. »Oh, mein Gott … Das kann doch gar nicht sein! Das ist doch nicht möglich. Oder doch? Danny? Bist du es, Danny?«

Plötzlich schossen ihm die Tränen in die Augen. »Spike ist sein Fahrrad. Er nannte sein Fahrrad Spike. Das war so ein Scherz zwischen uns.«

»Er lässt sagen, dass er in derselben Straße wohnte wie Sie. Ein Stück weiter unten.«

»Ja, ich weiß. Es ist Danny Timmons. Wir sind zusammen aufgewachsen.«

Ob es der Schock war oder warum auch immer – in diesem Augenblick sprang Rob auf, deutete auf mich und schrie: »Wer sind Sie überhaupt? Ist das alles ein grausamer Spaß? Das hat Ihnen doch jemand erzählt! Irgendjemand muss es Ihnen doch erzählt haben.«

Ich wartete einige Minuten, bis er sich wieder gefasst hatte. Die anderen redeten besänftigend auf ihn ein.

Endlich ließ er sich auf seinen Stuhl fallen und verbarg das Gesicht in den Händen. Ich versicherte Rob, dass keiner im Raum etwas von den Dingen gewusst habe und ich wirklich Medium sei. Meine Worte müssen ihn wohl beruhigt und ihm genug Vertrauen gegeben haben, mich mit der Sitzung fortfahren zu lassen.

»Danny zeigt mir ein Gewehr. Es ist dasselbe Gewehr, das ich vorhin schon gesehen habe. Sagt Ihnen das etwas?«

»Ja … Ja … Es sagt mir etwas«, murmelte Rob.

Er fügte noch etwas hinzu, doch er sprach so leise, dass ich ihn nicht verstehen konnte. Ich bat ihn, ein wenig lauter zu sprechen.

Da sagte er mit kräftiger Stimme: »Ich habe eine Botschaft für Danny. Sagen Sie ihm, dass es mir Leid tut. Es tut mir wirklich Leid. Ich habe mein ganzes Leben lang versucht, es wieder gutzumachen, Danny. Bitte vergib mir. Jedes Mal, wenn ich nach Hause komme, fahre ich am Friedhof vorbei. Er ist gegenüber von St. Lucy's, unserer alten Schule. Ich wünschte mir, es wäre nie geschehen. Es vergeht kein Tag, an dem ich mir keine Vorwürfe deswegen mache.«

»Danny weiß, dass Sie es nicht absichtlich getan haben. Er möchte Ihnen für all die liebevollen Gedanken und Taten danken, die Sie in seinem Gedenken anderen haben zuteil werden lassen. Er wünscht sich, dass Sie das Leben führen, das Sie sich für sich selbst erträumt haben. Er will, dass Sie glücklich sind.«

Später erfuhren wir, dass Rob und Danny Jugendfreunde gewesen waren. Eines Tages hatte Rob vorgeschlagen, Cowboy und Indianer zu spielen, und dazu das Gewehr seines Großvaters aus dem Schrank geholt. Beim Spielen hatte sich ein Schuss gelöst, der Danny in der Brust getroffen und auf der Stelle getötet hatte. Es versteht sich von selbst, dass sich Robs Leben danach für immer verändert hatte. Seit seinem achten Lebensjahr hatte die Schuld an Dannys Tod auf ihm gelastet. Das Bild des Freundes, der vor seinen Augen gestorben war, hatte ihn Tag und Nacht verfolgt. Er konnte sich einfach nicht von den Erinnerungen und Gefühlen befreien, die es in ihm auslöste. Aus reinem Schuldgefühl war Rob Arzt geworden. Als Chirurg arbeitete er vierzehn Stunden am Tag, um das Leben von Patienten zu retten. Wenn seine Schuldgefühle anderen noch so viel Gutes gebracht hatten, so war es für Rob doch an der Zeit, sie endlich loszulassen.

Geschichten wie diese zeigen, dass die schreckliche Last der Reue für unabänderliche Ereignisse unser Leben zerstören und uns auf unserem spirituellen Pfad eine erdrückende Bürde auferlegen kann. Solange wir mit Schuld beladen sind, ist unsere Aufmerksamkeit in der Vergangenheit gebunden. Die Vergangenheit aber ist vorüber, und wir können nichts tun, um sie zurückzubringen. Eine der großen spirituellen Erkenntnisse, die ich im Laufe all dieser vielen

Jahre gewonnen habe, ist, dass unsere persönliche Kraft einzig und allein im Hier und Jetzt wirksam werden kann.

Der beste Weg, um unsere Schuldgefühle loszulassen, ist uns selbst und anderen zu vergeben und uns vor Augen zu führen, dass wir als spirituelle Geschöpfe auf einer ewig währenden Reise sind. Wir sind hier auf Erden, um aus all unseren Erfahrungen zu lernen und an ihnen zu reifen.

10
Angst

> Was hast du zu befürchten? Nichts. Wen musst du fürchten? Niemanden. Warum? Weil der, der sich mit Gott verbündet, drei großartige Privilegien genießt: Allmacht ohne Macht, Rausch ohne Wein und Leben ohne Tod.
>
> FRANZ VON ASSISI

So wie Liebe die große vereinende Kraft ist, so ist Angst die große trennende Kraft. Während die Seele eine Sammlung von Vorlebenserinnerungen und karmische Obliegenheiten birgt, ist die Persönlichkeit bei ihrer Ankunft auf dieser Welt ein unbeschriebenes Blatt. Wie sie sich entwickelt und herausbildet, hängt vom Menschen und seinem Lebensumfeld ab. Von Kindesbeinen an lernen wir, uns anhand der Urteile und Überzeugungen anderer zu definieren. Gehen wir der niederen Natur in die Falle und geht uns die Erinnerung an unser wahres, göttliches Selbst verloren, dann bekommen wir es irgendwann mit der Angst zu tun.

Angst ist ein Trugbild unseres Geistes. Sie ist nicht real. Natürlich gibt es ausgesprochen reale Dinge in der Welt, die zum Fürchten sind, doch ich rede hier nicht von den Ängsten, die unser Überlebensinstinkt in uns weckt. Vielmehr spreche ich von den emotionalen Ängsten, die auf falschen

Eindrücken und Illusionen beruhen. Wir sind von den Weltereignissen und den allgegenwärtigen Bildern der Gewalt so programmiert, dass wir die Erde für einen Furcht einflößenden Ort halten. In uns wächst die Angst vor Dingen oder Zeitgenossen, die es – so glauben wir – auf uns abgesehen haben. Wir versuchen, den Erwartungen anderer Menschen gerecht zu werden und werden zu etwas, das wir nicht sind. In Wahrheit sind wir uns selbst nicht treu.

Fürchten wir uns, bleibt das meist nicht ohne physische Folgen. Unser Körper verspannt sich, während unsere Gedanken wieder und wieder um die belastende Situation kreisen und wir uns immer mehr in unsere Angst hineinsteigern. Mit der Zeit schwächt das unsere Energien. Manchmal fühlen wir uns aus lauter Furcht vor der Zukunft wie gelähmt.

Sitzt uns die Angst im Nacken, verschließen wir unser Herz für das Licht. Welcher Strahl der Erkenntnis auch immer uns Trost sein könnte, er kann zu uns nicht durchdringen. Unsere Furcht übernimmt unweigerlich das Zepter in unserem Leben und hält uns davon ab, Risiken einzugehen und das zu tun, was wir eigentlich wollen.

Wie aber können wir unsere Angst überwinden und in den Griff bekommen? Zum einen, indem wir positiv denken und uns das universelle Gesetz der Affinität (»Gleiches zieht Gleiches an«) zunutze machen. Ich persönlich spreche beispielsweise immer folgende Affirmation, wenn mir ein negativer oder angstbesetzter Gedanke durch den Kopf geht: »Ich bin gesund, ich bin glücklich, ich bin heilig.« Diesen Satz lasse ich in mein Unterbewusstes sinken. Wie schon mehrfach betont, erschaffen wir uns unser Schicksal mit der Art, wie wir denken. Setzen wir einen positiven Gedanken an die Stelle eines negativen, ziehen wir Sicherheit und Zuversicht statt Angst und Ungewissheit an. Zum anderen können wir unsere Ängste durch einen konstruktiven Umgang mit dem Gesetz von Ursache und Wirkung in den Griff bekommen. Wenn wir wollen, dass uns in unserem Leben Gutes widerfährt, müssen wir uns in all unseren Begegnungen auch liebevoll und mitfühlend zeigen. Wir können nicht mit Ruhe und Zufriedenheit rechnen, wenn wir anderen das Leben schwer machen. Wenn wir nach Freude und Glück suchen, sollten wir uns zudem nicht nach außen wenden. Wer im höheren Gottesbewusstsein ruht, geht stets von einem Ort der Liebe aus und spürt diese Liebe in seinem Inneren.

Denke daran, dass Gott immer ja sagt;
wir sind diejenigen, die nein sagen.

Die nachfolgenden Readings zeigen, wie sehr Angst einen Menschen in seiner Handlungsfähigkeit beeinträchtigen kann.

Ich habe ja solche Angst!

Vor einigen Jahren kam ein Ehepaar zu mir. Die beiden sahen ziemlich mitgenommen aus. Wie so oft war es die Frau, Mira, die sich für Botschaften aus dem Jenseits interessierte. Ihr Mann, Lloyd, hingegen wirkte eher nüchtern. Mit seinen dunklen, durchdringenden Augen und seiner versteinerten Miene machte er einen angestrengten Eindruck. Wie Mira mir erklärte, hatten sie Angst, dass irgendjemand aus ihrer Familie etwas von ihrem Besuch bei mir mitbekommen könnte. Sie wollten auf keinen Fall, dass man sie für merkwürdig oder sonderbar hielt. Ich versicherte ihr, dass ich ihre Sorge verstünde, aber dass nichts Merkwürdiges oder Sonderbares geschehen würde.

Kaum hatte ich die Séance begonnen, stellte sich auf Miras linker Seite ein starkes Gefühl von Kälte ein. Ich schloss die Augen und sah dort eine Frau stehen.

»Da steht eine Frau links neben Ihnen, Mira. Sie heißt Sari oder Sarah. Sagt Ihnen der Name etwas?«

Mira war schockiert. Sie öffnete den Mund, brachte aber keinen Ton hervor. Sie sah Lloyd fragend an, und er bedeutete ihr, dass sie ruhig reden könne.

»Ja. Ich kenne den Namen.«

»Sarah sagt mir, dass sie etwas mit Ihrer Mutter zu tun habe und eine von dreien sei.«

»Ja, sie ist die Schwester meiner Mutter, und es sind drei Geschwister – meine Mutter, Tante Sarah und ihr Bruder.«

Ich konnte von Sarahs geistiger Gestalt nur die obere Hälfte sehen. Oft zeigen sich mir die Wesen nicht ganz. Manchmal sehe ich auch nur ein Gesicht.

»Sarah erzählt mir etwas über die Franklin Street. Können Sie damit etwas anfangen?« fragte ich Mira.

Sie stockte und sagte dann: »Ja, das ist die Straße, in der sie gewohnt hat.«

»Sie reibt sich am linken Arm. Er ist vom Ellenbogen zur Hand hin verfärbt wie von einer Brandwunde. Sie sagt mir, dass es jetzt alles wieder gut sei.«

»Oh, mein Gott, ja«, nickte Mira. »Einmal – ich war damals noch ein Kind – habe ich meine Tante in der Franklin Street besucht, und sie setzte Teewasser für uns auf. Als sie den

Kessel vom Herd nahm, rutschte er ihr aus der Hand. Sie verbrühte sich fürchterlich den Arm. Ich erinnere mich so gut an den Unfall, weil sie ihr Leben lang diese Narbe behielt.«

»Davon wusste ich ja überhaupt nichts«, warf Lloyd ein.

Ich wandte mich jetzt an ihn, denn die Frau ließ ihm sagen, wie zufrieden sie sei, dass er sich so gut um ihre Nichte kümmerte.

»Ich soll Ihnen sagen, Ihre Gebete seien erhört worden, Lloyd.«

Er sah mich verwundert an und fragte: »Wie bitte?«

»Sarah meint, es gäbe da jemanden, der gerne wüsste, warum Sie heute nicht den Baseballhandschuh mitgebracht haben, wie Sie es ursprünglich vorhatten.«

Lloyd und Mira sahen sich an und fingen beide an zu weinen.

Mira murmelte: »Oh, mein Gott ... ist er es?«

»Es ist der kleine Junge, den Sie verloren haben. Er sagt, er sei im Krankenhaus gestorben. Er spricht sehr schnell. Er sagt, er hätte schlechtes Blut gehabt.«

»Ja, er litt an Leukämie«, bestätigte Lloyd.

»Sie sollen wissen, dass es ihm gut geht und dass Granny B auch im Krankenhaus war. Macht das Sinn für Sie?«

Unter Tränen erklärte mit Lloyd: »Ja, das ist meine Mutter. Er nannte Miras Mutter Granny A und meine Mutter Granny B. Sie starb ein Jahr vor unserem Joshua.«

»Es geht ihm also gut?«, wollte Mira wissen.

»Ja, es geht ihm gut. Er sagt, er habe große Angst vor dem Sterben gehabt. Aber er sei nicht in das schwarze Loch gefallen. Können Sie damit etwas anfangen?«

»Ja«, sagte Mira. »Einen Monat vor seinem Tod träumte er

immer wieder davon, in ein schwarzes Loch zu fallen und von einer Art Monster gefressen zu werden.«

»Er meint, er hätte Angst gehabt, Sie oder Mr. Big Foot oder Cottonball nie wieder zu sehen. Die Namen sagen mir nichts.«

»Das waren seine Haustiere. Mr. Big Foot ist ein deutscher Schäferhund und Cottonball ist sein Kaninchen.«

»Whiskers sei jetzt bei ihm, sagt er.«

»Das war das andere Kaninchen, das gestorben ist.«

»Sarah meint, Joshua würde viel Zeit mit Tieren verbringen.« Und ich fuhr fort: »Im Nachhinein kommt es Ihrem Sohn albern vor, solche Angst gehabt zu haben. Er meint, er käme Sie oft besuchen. Und er habe das Spiel gespielt, das Dad ihm damals versprochen hätte. Sagt Ihnen das etwas?«

Lloyd erklärte mir, dass er seinem Sohn versprochen hatte, nach seiner Entlassung aus dem Krankenhaus Baseball mit ihm zu spielen.

»Ach so. Jetzt verstehe ich auch die Sache mit dem Baseballhandschuh«, gab ich zurück.

Dann fing Joshua wieder sehr schnell zu sprechen an, und während ich zuhörte, musste ich lachen.

»Ihr Sohn lässt Ihnen sagen, dass er sehr glücklich sei. Im Jenseits, sagt er, lebe es sich fast wie in Candyland.«

Mira lachte: »Das hat er immer so gern gespielt!«

Sarah versicherte den beiden noch einmal, dass der kleine Joshua absolut glücklich sei.

Und ich sagte ihnen: »Jetzt weiß er, dass es nichts gibt, wovor er sich je fürchten müsste.«

Was erwartet mich da draußen?

Vor nicht allzu langer Zeit hatte ich ein ziemlich ungewöhnliches Reading, das besonders gut zum Thema Angst passt.

Bridget war eine charmante, große junge Frau mit langem rotem Haar. Sie hatte eine wunderbar reine, wohltuende Aura, und ich fragte sie, ob sie in einem Heilberuf tätig sei. »Ja«, antwortete sie. »Ich bin Masseurin.« Sie suche nach einer Arbeit, bei der sie Gelegenheit habe, anderen zu helfen. Und sie habe die zweistündige Fahrt von San Diego hierher auf sich genommen, weil ihr Anliegen so dringlich sei. Bald sollte ich erfahren, warum.

Auf einmal erklang eine absolut durchdringende Frauenstimme hinter meinem rechten Ohr. Sie schrie in einer so unangenehmen Lautstärke, dass ich meine Führer anwies, ihr mitzuteilen, dass ich sie hören könne.

»Ich bin frei! Ich bin frei!«, rief sie immer und immer wieder.

»Die Frau sagt mir, dass sie im Licht sei. Sie lebe jetzt im Licht und brauche sich nicht mehr zu verstecken. Sie nennt den Namen Vicky oder Victoria.«

»Das ist meine Mutter. Sie heißt Victoria Jane.« Bridget war sichtlich erfreut. Ich wusste, dass sie wegen dieser Nachricht zu mir gekommen war. »Geht es ihr gut?«

»Ja, es geht ihr gut. Sie sagt, dass sie wieder in einem Land sei, in dem Glück und Frieden herrschten. Sie verstehe das Ganze jetzt und habe keine Angst mehr.«

Ein Lächeln huschte über Bridgets weiches Gesicht.

»Sie meint, früher habe sie sich vor allem und jedem gefürchtet.«

Plötzlich übermannte mich ein merkwürdiges Gefühl, und ich wusste nicht recht, wie mir geschah. Ich schloss die Augen. Erst hatte ich den Eindruck, als würde sich jemand meiner bemächtigen, und dann war mir, als wäre ich in einer Kiste eingesperrt. Ringsum war es völlig dunkel. Ich war auf extrem unbequeme Weise eingezwängt, fast so, als hätte man mich bei lebendigem Leib begraben. Ich wusste, dass ich mich sofort aus diesem Bild lösen musste, und so öffnete ich schnell die Augen.

»Alles in Ordnung, James?«, erkundigte sich Bridget.

»Ich glaube schon. Das war eine ganz komische Sache. So etwas habe ich noch nie erlebt. Total merkwürdig. Es war so, als wäre ich eingesperrt und könnte mich nicht befreien.«

Ich trank einen Schluck Wasser und bat meine Geistführer mental um eine Erklärung.

Sie teilten mir mit, dass die Übermittlung der Gefühle zum Verständnis der Botschaft wichtig gewesen sei, denn so habe sich die Verstorbene die meiste Zeit ihres Lebens gefühlt.

So fragte ich: »War ihre Mutter in irgendeiner Weise eingesperrt?«

»Warum fragen Sie das?«, gab sie zurück.

»Ich hatte das Gefühl, in ein dunkles Loch gesperrt zu sein, und ich hatte Todesangst. Ich weiß nicht, was das zu bedeuten hat; ich schildere Ihnen nur, was ich empfunden habe.«

Bridget senkte den Blick, dann sah sie mich an.

»Meine Mutter litt an Platzangst. Sie mochte nicht aus dem Haus gehen. Sie hatte fürchterliche Angst, dass da draußen irgendetwas auf sie lauere. So hat sie die meiste Zeit im Haus verbracht.«

Bridget liefen die Tränen über die Wangen. Ich schwieg.

Dann meldete sich ihre Mutter mit sanfter Stimme, und ich übermittelte Bridget ihre Botschaft:

»›Ich kann jetzt in der Sonne spazieren gehen. Ich habe alle möglichen Leute getroffen. Es ist so wunderbar, lebendig zu sein!‹«

Bridget war überglücklich, dass ihre Mutter ihre Freiheit gefunden hatte.

»Sie meint, dass sie erst jetzt erkenne, wie vieler Erfahrungen und welch großartiger Chancen sie sich durch ihre Angst beraubt habe.«

»Ja, das kann man wohl sagen. Zehn Jahre lang hat sie keinen Schritt vor die Tür getan.«

Es fiel mir schwer zu glauben, dass jemand solche Angst vor dem Leben haben konnte. Doch ich musste mich auf die geistige Kommunikation konzentrieren, denn um die Botschaften zu hören, durfte ich mich nicht von emotionalen Aspekten ablenken lassen.

Plötzlich spürte ich einen stechenden Schmerz in meiner Brust, und ich sah das Bild von einem Treppenhaus vor mir. Ich fragte Bridget, ob sie damit etwas anfangen könne.

»Ja«, nickte sie. »Meine Mutter starb an einem Herzanfall, und sie fiel die Treppe hinunter.«

»Ich soll Ihnen mitteilen, dass sie jetzt keine Schmerzen mehr habe. Im Gegenteil! Sie fühle sich pudelwohl. Sie sei mit Alfred zusammen.«

»Das ist mein Großvater, also ihr Vater.«

Gerade dachte ich, wir wären am Ende, als mir Victoria etwas absolut Unglaubliches offenbarte. Ich sah sie neben Bridget stehen und nickte, um den Empfang ihrer Botschaft zu bestätigen. »Ja«, sagte ich immer und immer wieder. Als sie schließlich mit der Gedankenübertragung fertig war, suchte ich nach Worten:

»Ich weiß nicht recht, wie ich es formulieren soll, aber Ihre Mutter meint, Sie sollten es unbedingt wissen. Sie habe herausgefunden, warum sie immer solche Angst gehabt hätte, aus dem Haus zu gehen.«

Bridget sah mich überrascht an. »Und warum?«

»Während Ihre Mutter mir ihre Gedanken übermittelte, zeigte sie mir Bilder. In einem früheren Leben war ihr Vater offenbar eine Art Herrscher oder Adeliger gewesen. Sie war damals noch ein kleines Mädchen. Sie lebten in einer Burg, und ihre Mutter sagte ihr, sie dürfe ja nicht nach draußen gehen, weil ihr Vater Feinde habe. Nur in der Burg sei sie sicher. Würde sie auch nur einen Fuß über die Schwelle setzen, so hieß es, könnte sie geraubt und für immer fortgebracht werden. Doch am Ende trieb die Neugier sie doch hinaus, und sofort wurde sie von Reitern entführt.«

»Oh, mein Gott. Und was haben sie mit ihr gemacht?«, fragte Bridget.

Ich beschrieb ihr die Szene, die mir ihre Mutter übermittelt hatte.

Ich sah ein kleines blondes Mädchen am Ufer eines Flusses liegen. Ihre Kehle war von Ohr zu Ohr durchtrennt.

Wir waren beide entsetzt über Victorias detaillierte Schilderung. Doch Bridget verstand nun, warum ihre Mutter immer solche Platzangst gehabt hatte. Ich erklärte ihr, dass eine Seele bei ihrer Rückkehr auf die Erde bestimmte Erinnerungen in sich tragen kann, die sich tief in ihren Geistkörper eingeprägt haben.

Manchmal geht es dabei – wie in Victorias Fall – um traumatische, angstbesetzte Erfahrungen. Die Seele versucht dann, die aus dem Vorleben mitgebrachten Phobien und Ängste zu bearbeiten. Manchmal gelingt dies, ein andermal nicht.

Bridget dankte ihrer Mutter für ihre Liebe und ihr Geleit. Ihre Mutter schickte ihr zum Abschied ein letztes Bild. Sie trug ein fließendes, rosafarbenes Kleid und stand in einem Rosengarten. Sie hielt sich eine weiße Rose an die Lippen und blies die Blütenblätter zu ihrer Tochter hin.

Gottes Zorn

Das folgende Reading habe ich ausgewählt, weil es eine nur allzu geläufige Situation widerspiegelt: wenn Ignoranz, Vorurteile und Angst Familien entzweien und Gefühle der Scham, Verbitterung und Schuld auslösen.

Joe und Carrie, Bruder und Schwester, kamen an einem sonnigen Mittwochnachmittag zu mir in die Praxis. Gleich zu Beginn eröffneten sie mir, dass sie eigentlich nicht an Medien glaubten. Sie seien nur deshalb zu mir gekommen, weil sie wiederholt von ihrem verstorbenen Bruder geträumt hätten. Wir unterhielten uns eine Weile, bis sich auf einmal eine männliche Stimme meldete.

»Hier ist ein junger Mann. Er muss um die zwanzig sein. Sein braunes Haar ist schon etwas schütter, und ich habe das Gefühl, dass er sich große Sorgen machte, bald völlig kahl zu sein. Kommt Ihnen das vertraut vor?«

Carrie saß wie vom Donner gerührt da. Joe nickte: »Ja, das tut es.«

»Ich soll Ihnen sagen, dass er im Jenseits mit einer prächtigen Mähne erwacht sei.«

»Vor seinem Tod sind ihm die Haare komplett ausgegangen«, warf Carrie ein.

Mit Blick auf Joe fuhr ich fort: »Ihr Bruder freut sich, Sie zu sehen, Joe. Er hätte nie erwartet, Sie zu sehen. Aber Sie sollten wissen, dass er Ihr Kommen wirklich zu schätzen wisse und dass er Sie liebe.«

Joe wurde rot, und es stiegen ihm die Tränen in die Augen.

»Wer ist Tommy?«, erkundigte ich mich.

»Das ist sein Name«, erwiderte Joe.

»Ach so. Also, mit Tommy ist alles in Ordnung. Er lässt Ihnen sagen, dass er es geschafft habe«, erklärte ich ihnen.

»Bitte sagen Sie ihm, dass es mir Leid tut. Ich konnte einfach nicht …«, flüsterte Joe.

»Tommy lässt Ihnen ausrichten, dass es ihm gut gehe. Er zeigt mir eine Bibel. Er hält sie mir immer wieder hin. Was hat das zu bedeuten?«

»Unsere Mutter ist strenggläubige Christin, und sie liest ständig in der Bibel. Sie …«, Carrie versagte die Stimme. Dann fuhr sie fort: »Sie sagte, Tommy würde wegen seines Lebensstils zur Hölle fahren. Sie betete Tag und Nacht für die Erlösung seiner Seele.«

Nach kurzem Schweigen fragte sie zaghaft: »Ist mein Bruder wirklich in der Hölle?«

Ich verzog keine Miene, doch innerlich wunderte ich mich wieder einmal, mit welchem Erfolg manche Leute anderen ihre Ängste aufdrücken.

Nach ein paar Minuten kam eine Botschaft von ihrem Bruder durch:

»Tommy lässt Ihnen sagen, dass er wohl im Himmel sein müsse, denn er habe nie einen schöneren, liebevolleren Ort gesehen. Er sagt, er habe nichts zu Gesicht bekommen, was auch nur im Entferntesten nach Hölle aussähe ... Die wahre Hölle, meint er, sei auf Erden.«

»Das denke ich auch!«, pflichtete Joe ihm bei.

»Ihr Bruder habe solche Angst vor dem Tod gehabt, weil es irgendwo in ihm doch einen Teil gegeben habe, der an Ihre Mutter und ihre religiösen Überzeugungen geglaubt habe. Er sei emotional völlig aufgewühlt gewesen. Ist er an Aids gestorben?«

»Ja«, bestätigte Carrie.

»Er meint, als Ihre Mutter ihm gesagt hätte, seine Krankheit sei Gottes Strafe für seine Homosexualität, hätte er es ihr geglaubt. Ich habe den Eindruck, dass Ihr Bruder kein sonderlich starkes Selbstbewusstsein hatte und dass er sich nicht wirklich annehmen konnte.«

»Tommy war ein guter Mensch«, erwiderte Carrie. »Aber Mutter gab ihm mit ihrer Einstellung ständig das Gefühl, dass etwas mit ihm nicht in Ordnung sei.«

»Sexualität hat nichts damit zu tun, wie viel Liebe und Mitgefühl ein Mensch in seinem Herzen trägt«, erklärte ich. »Bitte versuchen Sie, das zu begreifen. Homosexuell zu sein, ist kein Makel. Gott kennt nur Liebe. Es sind die Menschen und nicht Gott, die Bedingungen an die Liebe knüpfen.«

Dann fuhr ich mit der Übermittlung der Gedanken ihres Bruders fort.

»Tommy sagt, er liebe sich jetzt selbst mehr als je zuvor.«

»Würden Sie ihm bitte ausrichten, wie Leid es mir tut, dass ich ihn nicht besucht habe?«, bat mich Joe.

»Wie lange haben Sie ihn nicht gesehen?«, wollte ich wissen.

»Fünf Jahre. Ich habe ihn quasi aus dem Gedächtnis gestrichen, als ich erfuhr, dass er schwul ist. Ich hatte Angst, dass ich auch Aids kriegen würde, wenn ich mit ihm zusammen wäre. Ich war so dumm!«, brachte Joe weinend hervor.

Ich spürte, wie viel unterdrückte Wut in ihm steckte und wie aufgewühlt er war. Ich riet ihm, nicht so hart zu sich selbst zu sein.

»Eines Tages werden Sie es verstehen«, tröstete ich ihn. In diesem Augenblick unterbrach mich Tommy.

»Joe, wissen Sie, was er mit Crossroads meint?«

»Ja. Das ist eine Aids-Gruppe, bei der ich mich ehrenamtlich engagiere. Ich habe mich ihr nach Tommys Tod angeschlossen.«

Ich war überrascht über Joes Hundertachtzig-Grad-Wendung.

»Tommy lacht. Er ist sehr stolz auf Sie. Ihre Geste hat ihn zutiefst berührt. Sie haben damit nicht nur gezeigt, wie sehr Sie ihn lieben, sondern auch, dass Sie zu lernen und andere zu akzeptieren bereit sind.«

Carrie ergriff Joes Hand.

»Weiß Tommy, dass ich für ihn gebetet habe?«, fragte sie.

»Ja. Er hat versucht, Ihnen in einem Traum zu danken. Aber Sie haben seine Botschaft nicht verstanden. Er sagt, es habe etwas mit einem Vogel zu tun gehabt.«

»Hmmm. Ja, das stimmt. Vor drei Tagen habe ich nachts von einer weißen Taube geträumt, die mich überall hin begleitet hat. Ich hatte so ein Gefühl, dass es Tommy sein könnte«, überlegte Carrie.

»Sie sollen Ihrer Mutter von Ihrem Bruder ausrichten, dass er im Himmel mit Wendy zusammen ist«, fuhr ich fort.

»Wendy war eine gute Freundin unserer Mutter. Was für eine Überraschung!« rief Carrie.

»Tommy sagt, es sei für ihn jetzt viel leichter, das Leben zu begreifen, weil er nun alles in einem wesentlich größeren Zusammenhang sehen könne als auf der Erde.«

Ich versicherte Joe und Carrie, wie gern ihr Bruder sie habe und dass er ihnen jetzt näher sei als je zuvor. Bevor ich die Sitzung zu Ende führte, bat mich Joe, seinem Bruder noch eines zu sagen:

»Lassen Sie ihn bitte wissen, dass wir ihn lieben und vermissen.«

Ich wartete auf Tommys Antwort. »Er weiß es, und er sagt, dass auch er Sie immer lieben werde. Ich soll Ihnen sagen, dass Sie eines Tages im Himmel alle wieder zusammen sein würden – an einem Ort, an dem die Liebe niemals stirbt.«

Ich habe mit so vielen Geistwesen Kontakt gehabt, die wie Joshua und Tommy große Angst vor dem Sterben hatten. In Tommys Fall wurde die Angst vor dem Tod durch den Glauben seiner Mutter an einen zornigen, rachsüchtigen Gott geschürt. In meiner langjährigen Praxis habe ich noch nie gehört, dass Gott im Jenseits warten würde, um einen Verstorbenen für seine irdischen Taten zu bestrafen. Bei meinen Veranstaltungen sage ich immer: »Was für einen Glauben Sie auch immer haben mögen, achten Sie darauf, dass er auf Liebe und gegenseitigem Respekt gegründet ist.« Nur allzu viele unglückliche Menschen machen sich das Leben mit ihrer Angst vor Hölle, Fegefeuer und ewiger Verdammnis schwer.

Wie die Botschaften von Victoria zeigen, können wir weder unsere Träume realisieren noch unser Potenzial entfalten, solange das lähmende Gift der Angst in unseren Adern fließt. Um solchen Menschen bei der Bewältigung ihres Leids zu helfen, bieten viele Lehrer und in Heilberufen tätige Menschen wie Bridget ihre Unterstützung an. Wir brauchen nur um Hilfe zu bitten. Es steht immer jemand bereit, um uns den Rücken zu stärken, wenn wir uns unseren Ängsten stellen und zu konstruktiven Lebensmustern zurückfinden wollen.

11

Vergebung

> Um lieben zu können,
> müssen wir erst Vergebung üben,
> und je tiefer unsere Erfahrung im Vergeben,
> desto größer unsere Liebe.
>
> PAUL TILLICH

Als ich noch ein Kind war, verarztete meine Mutter kleinere Verletzungen mit einem Heftpflaster, das sie mit uhrwerksartiger Pünktlichkeit exakt nach zwei Tagen entfernte. Ich konnte nie verstehen, warum sie es tat, denn in der kurzen Zeit waren die Wunden nie richtig verheilt. Wenn ich sie fragte, erklärte sie mir: »Es muss Luft an die Wunde kommen, damit sie besser heilt.«

Das Gleiche gilt für emotionale Verletzungen. Auch sie müssen erst ein wenig ans Licht gebracht werden, damit der Heilungsprozess einsetzen kann.

Wenn uns jemand mit Worten oder Taten verletzt, neigen wir dazu, uns ewig an der Sache fest zu halten und sie dem Betreffenden übel zu nehmen. Im Licht der feinstofflichen Energien betrachtet, ist dies jedoch völlig falsch. Wenn wir nämlich eine emotionale Verletzung mit uns herumschleppen, nährt das unsere diesbezüglichen negativen Gedanken und Gefühle noch zusätzlich, und diese Schwingungen strahlen wir dann aus. Nun zieht aber, wie bereits mehrfach betont, Gleiches Gleiches an, so dass wir zum Magneten für ähnlich negative Energien werden. Je mehr wir uns nach einer emotionalen Verletzung unseren Gefühlen der Wut und Enttäuschung stellen, desto eher gelingt es uns, unseren Schmerz loszulassen. Und mit dem Loslassen vollziehen wir den Schritt hin zur echten Heilung: Wir können vergeben.

Woher aber beziehen wir diese Kraft zur Selbstheilung? Was gibt einem Menschen den Mut zu vergeben? Es bedarf dazu zweier unverzichtbarer Ingredienzien: 1. das aus der Selbst-Bewusstheit erwachsene spirituelle Verständnis und 2. die Kunst des Loslassens. Der Einfühlsame lernt, sich und anderen zu vergeben. Er erkennt, dass das Festhalten an Verletzungen den alten Schmerz immer wieder neu aufleben lässt. Vergebung lässt zuerst die eigenen Wunden heilen, und das wiederum wirkt positiv im Bewusstsein aller Menschen weiter.

Liebe Frau, ich vergebe Ihnen!

Die nun folgende Botschaft beschreibt einen der rührendsten Akte des Verzeihens, den ich je erlebt habe. Das Ganze geschah völlig unerwartet, denn das Geistwesen stand mit keinem der Anwesenden in irgendeiner Verbindung, und dies führt uns vor Augen, dass sich die geistige Welt jederzeit für uns öffnet, wenn es wirklich darauf ankommt.

An jenem heißen Sommerabend – es war ein Samstag – hatten sich fünfhundert Zuschauer zu einer meiner Veranstaltungen eingefunden. Sie hatten schon zwei Stunden vor dem offiziellen Einlass Schlange gestanden, um einen guten

Platz zu ergattern. (Ich wundere mich immer über diesen Eifer, denn die geistige Welt findet stets die richtigen Menschen, ganz gleich, wo sie auch sitzen mögen.) Ich war gerade bei der Einleitung, als ich plötzlich hinten im Saal ein Geistwesen auftauchen sah. Es schwebte am Mittelgang entlang nach vorn. Als es näher herangekommen war, sah ich, dass es ein goldiges kleines Mädchen im leuchtend gelben Kleid war, das Seil hüpfte. Sein hellblondes Haar war zu zwei langen Zöpfen geflochten. Unmittelbar vor mir blieb es stehen. Ich wusste gleich, dass es mit einem Auftrag hierher gekommen war. Nachdem ich das Mädchen begrüßt hatte, beschrieb ich die Erscheinung sogleich dem Publikum, und ich fragte:

»Erkennt irgendjemand von Ihnen dieses kleine Mädchen wieder? Oder gibt es jemanden, dem Ihre Anwesenheit hier etwas sagt?«

Etwa drei Minuten verstrichen, ohne dass sich eine Hand hob. Ich bat das Mädchen mental, mir einen etwas konkreteren Hinweis zu geben.

Es schickte mir in Gedanken zurück: »Ich will mit der Frau sprechen, die mir beim Spielen zugesehen hat. Sie war auf dem Nachhauseweg.«

Ich wiederholte ihre Worte laut, und noch während ich schaute, ob es im Publikum darauf eine Reaktion gab, fügte das Mädchen klar vernehmlich hinzu: »Die Frau hat ein weißes Auto.«

In der vierten Reihe links stand eine Frau auf. Sie wirkte ein wenig unsicher.

»Wissen Sie, wer dieses Mädchen sein könnte?«, fragte ich sie.

»Ich glaube schon«, antwortete sie.

Sie murmelte noch etwas anderes, das weder ich noch irgendjemand anderes im Saal verstand.

»Würden Sie bitte etwas lauter sprechen?«, bat ich sie.

In ihrer Stimme lag Trauer, als sie sagte: »Ja, ich weiß, wer es ist. Ich habe sie vor drei Jahren mit dem Auto überfahren, und sie ist bei dem Unfall ums Leben gekommen.«

Ein Raunen ging durchs Publikum. Mit so etwas hatte keiner gerechnet.

Unter Tränen erzählte die Frau ihre Geschichte.

»Ich war auf dem Nachhauseweg von der Arbeit. Als ich um die Ecke bog, lief sie mir Seil hüpfend vor den Wagen. Ich sah sie erst, als es zu spät war. Es blieb keine Zeit mehr zum Bremsen.«

Ausgehend von den emotionalen und gedanklichen Botschaften des Mädchens führte ich ein Gespräch mit der Frau.

»Sie zeigt mir ein Stofftier. Es ist ein kleines Lamm. Sie gibt mir zu verstehen, dass Sie es ihr geschenkt hätten. Stimmt das?«

»Ja. Ich habe es ihr aufs Grab gelegt. Ich gehe auch jetzt noch häufig hin. Ich weiß nicht, was ich sonst tun könnte«, erwiderte sie.

»Das Mädchen zeigt mir zwei Jungen von etwa fünf oder sechs Jahren neben Ihnen. Kennen Sie sie?«

»Nein, keine Ahnung. Ich weiß nicht ...«

»Wer ist Freddie?«

»Das ist mein Enkel. Oh, mein Gott! Freddie und Bryan, meine beiden Enkelkinder. Sie sind sechs und sieben. Freddie ist der jüngere. Ja, das stimmt.«

»Sie sagt, Freddie würde gern das Spiel mit den Affen spielen. Irgendetwas mit ›Barrel‹ – mit einem Fass? Was ist das für ein Spiel?«

Aus dem Publikum kam sofort der klärende Hinweis: ein Spiel namens »*Barrel of Monkeys*«.*

Die Frau war völlig baff. »Ich war heute bei Freddie. Ich habe auf ihn aufgepasst, und er hat den ganzen Nachmittag nichts anderes getan als dieses Spiel zu spielen. Es ist einfach unglaublich!«

»Das kleine Mädchen sieht sie an. Es sagt, es würde Ihnen verzeihen. Verstehen Sie?«

Die Frau wirkte etwas irritiert.

»Das Mädchen ist hierher gekommen, um Ihnen zu sagen, dass es Ihnen verzeiht. Aber Sie müssen sich auch selbst verzeihen. Es meint, dass Sie das noch nicht getan hätten. Sie sollten wissen, dass es gesund und munter sei. Verstehen Sie?«

Sichtlich bestürzt schüttelte die Frau den Kopf. Sie senkte den Blick.

»Das Mädchen meint, sie müssten schon allein wegen Freddie fröhlich sein. Das kleine Mädchen mag ihn. Es möchte, dass Sie ihm eine gute Großmutter sind. Es sagt: ›Er will, dass seine Oma glücklich ist.‹«

Plötzlich kam ein ausgesprochen starker Gedankenimpuls zu mir durch, und ich war mir nicht sicher, ob er von dem Mädchen oder von meinem indianischen Geistführer kam.

»Mit Freddie wird alles gut gehen und mit seinem Bruder auch. Machen Sie sich keine Sorgen. Und mit dem Mädchen ist auch alles in Ordnung. Sie müssen nur auf sich selbst achten und sich verzeihen. Dann wird in Ihrem Leben alles leichter werden. Beherzigen Sie das bitte!«

---

*[Anm. d. Ü: ein Computerspiel, siehe z.B. unter www.amazon.com/Games]

»Ja«, antwortete sie. »Das ist wirklich beeindruckend! Erst heute Morgen war ich in der Kirche und habe um ein Zeichen gebeten, dass alles gut würde. Ich weiß gar nicht, wie ich Ihnen danken soll.«

»Das Mädchen hier ist von weit her gekommen, um Ihnen dabei zu helfen, sich zu vergeben und anzunehmen. Befolgen Sie seinen Rat. Das ist mir Dank genug.«

Ich konnte sehen, dass sich in der Frau schon etwas verändert hatte. Sie, die anfangs so kalt und düster gewirkt hatte, strahlte auf einmal viel größere Unbeschwertheit aus. Nachdem wir gleich zu Beginn der Veranstaltung so viel Liebe und Vergebung hatten miterleben dürfen, verlief der Rest des Abends auf wundervoll harmonische Weise. Jeder der Anwesenden nahm ein Stück Trost und Ermutigung mit nach Hause.

Es tut mir Leid, mein Schatz!

Es kommt häufig vor, dass Verstorbene sich noch einmal melden, um für etwas, das sie auf Erden getan oder auch unterlassen haben, um Verzeihung zu bitten. Solche Geschichten sind tragisch und schmerzlich zugleich, können den Beteiligten aber unendliche Erleichterung bringen. Die Notwendigkeit, sich zu entschuldigen, scheint oft das Einzige zu sein, was ein Geistwesen davon abhält, die Astralwelt hinter sich zu lassen und einem erfüllenderen Leben im Himmel entgegenzustreben.

Das folgende Reading fand auf der *Body and Soul Conference* (»Kongress für Körper und Seele«) in Denver, Colorado, vor etwa achthundert Zuschauern statt. Es fällt mir immer etwas schwerer, mich vor einem so großen Publikum zu konzentrieren.

Aber sobald ich spüre, dass sich die Geistwesen hinter mir versammeln und ich mich völlig entspanne, wird die Kommunikation klar. Wann immer so viele Menschen an einem Ort versammelt sind, kommen häufig Botschaften durch, von denen alle etwas lernen können. Das heißt: Auch wenn eine Botschaft uns selbst nicht direkt betrifft, berührt sie doch so tiefe Schichten in uns, dass jeder im Saal davon profitieren kann.

Das Geistwesen, das diesmal neben mich trat, war ein Mann von etwa einem Meter achtzig Größe, der an die fünfundneunzig Kilo wog. Er verlangte nach einer Zuschauerin namens Kathy. Als ich ihn um zusätzliche Informationen bat, um Kathy ausfindig machen zu können, zeigte er mir eine Keller-Werkbank, an der er immer gesessen hatte.

Ich gab dieses Bild an das Publikum weiter, und eine Frau hob die Hand.

»Wie heißen Sie, bitte?«, erkundigte ich mich.

»Kathy.«

»Gut. Er zeigt mir eine Werkbank, auf der eine Tiffany-Lampe steht. Können Sie damit etwas anfangen?«

»Ja«, erwiderte sie. »Die Lampe stand immer dort. Sie gehörte seiner Mutter, und er hatte ihr versprochen, das Kabel zu reparieren. Zehn Jahre lang stand sie dort, aber er ist irgendwie nie dazu gekommen.«

Alles lachte, denn was sie da beschrieb, klang so überaus menschlich. Außerdem war es ein eindeutiger Hinweis auf die Identität des Verstorbenen.

»Er übermittelt mir das Bild von einem Radio, das auf der Werkbank steht, und einem alten Wandkalender, an den ein

Foto geheftet ist. Es ist ein Schwarzweißfoto. Unglaublich! Sagt Ihnen das etwas?«

Die junge Frau schüttelte den Kopf.

Ich war ziemlich frustriert, denn ich hatte das Bild exakt so beschrieben, wie ich es sah.

Schließlich beugte sich Kathy zu ihrer Sitznachbarin hinüber. Während sie miteinander flüsterten, drängte sich mir der Name »Iris« auf.

»Sagt Ihnen der Name ›Iris‹ etwas?«

»Ja. Das ist meine Mutter hier.« Sie deutete auf die Frau, die neben ihr saß.

Ich wandte mich an Iris.

»Können *Sie* sich einen Reim auf die Dinge machen, die ich soeben beschrieben habe?«

»Ja. Das ist ein Foto von mir. Es hängt schon seit ewigen Zeiten dort. Es wurde kurz nach unserer Hochzeit aufgenommen.«

»Hat dieser Mann getrunken?«, wollte ich wissen.

Die Frage war Iris sichtlich peinlich. »Ab und an hat er ganz gern ein Gläschen getrunken.«

Vor meinem geistigen Auge stieg ein Bild von einer Flasche auf, die in einer Schublade lag. »In der zweiten Schublade seiner Werkbank, bewahrte er da einen kleinen Vorrat an Gin auf?«

Iris musste grinsen. Kopfschüttelnd sagte sie: »Ja. Wir sind erst nach seinem Tod darauf gekommen. Es müssen an die zwanzig bis dreißig Flaschen gewesen sein.«

Von diesem Punkt an nahm die Kommunikation eine ernstere Wendung, und es wurde deutlich, warum sich das Geistwesen gemeldet hatte.

»Kennen Sie einen gewissen Mitch?«, erkundigte ich mich.

Beide Frauen nickten und Iris antwortete: »So heißt mein Mann – der, mit dem Sie gerade sprechen.«

Ich fing an, die Gefühle zu beschreiben, die er mir übermittelte.

»Kathy, der Mann will mit Ihnen sprechen. Verzeihen Sie mir, aber ich muss weitergeben, was ich empfange. Es tut ihm sehr Leid, wie er mit Ihnen umgegangen ist. Er meint, er sei nicht unbedingt ein vorbildlicher Vater gewesen. Er spricht davon, dass er etwas gegen Ihre männlichen Verehrer gehabt hätte. Er hätte Sie am liebsten keinen Augenblick aus den Augen gelassen. Stimmt das?«

»Ja, das ist richtig. Keinen Augenblick.« Kathy war sichtlich aufgewühlt.

»Mitch sagt, er sei des Öfteren ausfällig geworden. Und um die Sache zu verdrängen, sei er dann in den Keller gegangen und habe sich betrunken. Können Sie das bestätigen?«

Sie nickten beide zustimmend.

»Kathy, er meint, er sei nicht zu Ihrer Hochzeit gekommen. Ist das richtig?«

»Ja. Er weigerte sich, weil er den Mann nicht leiden konnte, den ich mir ausgesucht hatte.«

»Es tut ihm wirklich Leid. Hat er längere Zeit kein Wort mit Ihnen gewechselt?«

»Ja. Zehn Jahre lang herrschte Schweigen zwischen uns. Und nachdem ich geheiratet hatte, habe ich ihn kein einziges Mal mehr gesehen. Bis zu seinem Tod sind wir uns nicht mehr begegnet«, klagte sie.

»Ihr Vater bittet Sie um Verzeihung. Er schämt sich so sehr für das, was er Ihnen angetan hat. Aber nicht nur deswegen – er bittet Sie auch, ihm all das Leid zu vergeben, das er Ihnen als Kind zugefügt hat. Wissen Sie das zu deuten?«

Kathy fing an zu weinen. Sie nickte zur Bestätigung meiner Worte.

Ich wandte mich an Kathys Mutter.

»Iris, Sie sind eine echte Heilige. Dieser Mann hier erzählt mir, wie böse er zu Ihnen gewesen sei. Er habe Sie immerzu angeschrien, und ich habe das Gefühl, dass ihr Selbstvertrauen dabei großen Schaden genommen hat.«

»Ja, das stimmt«, brachte sie mit leiser Stimme hervor.

»Ich habe das Gefühl, dass sich dieser Mann selbst nicht leiden mochte und er tief in seinem Inneren an seinem eigenen Wert zweifelte. Iris, er sagt mir, dass er Sie geschlagen habe.«

Ich zuckte unter dem Eindruck seiner Botschaft zusammen.

Mit geneigtem Kopf seufzte die Frau: »Ja.«

Dann kam ein anderes Bild von Mitch zu mir durch. Er saß in seinem Keller. Über seinem Arbeitstisch war ein Regal mit Jagdgewehren montiert. Er nahm eines nach dem anderen herunter, um es zu reinigen. Ich erzählte den Frauen, was ich sah, und es kam ihnen mehr als bekannt vor.

»Er ging immer da runter, um seine Waffen zu polieren«, erklärte Iris.

Das nächste Bild war niederschmetternd.

»Ich möchte Sie nicht unnötig belasten, aber ich spüre, dass dieser Mann oft in seinem Keller saß, seine Gewehre betrachtete und mit dem Gedanken an Selbstmord spielte. Ich sehe, wie er sich einen Waffenlauf in den Mund schiebt. Hat er das wirklich getan?«

Ich stellte die Frage, obwohl ich die Antwort bereits kannte.

Sie antworteten beide gleichzeitig: »Ja.«

»Er hat sich da unten in seinem Keller umgebracht«, murmelte Iris.

Das Bild war ein ziemlicher Schock für mich und ich brauchte mehrere Minuten, um mich wieder zu fassen.

»Es ist bemerkenswert, wie Sie das alles aushalten konnten und dennoch einigermaßen heil geblieben sind.«

Während ich zu ihnen sprach, kam wieder ein intensives Bild von Mitch zu mir durch. Bei einem so stark ausgeprägten Kommunikationsbedürfnis wie in diesem Fall kommt es oft vor, dass mich besonders lebhafte Eindrücke erreichen.

»Dieser Mann hier kniet vor Ihnen nieder, Iris. Er streckt Ihnen seine Hand entgegen und weint. Er wünsche sich nur eines von Ihnen, sagt er: dass Sie ihm verzeihen mögen. Er sei so schrecklich zu Ihnen gewesen. Als er Sie kennen lernte, sagt er, seien Sie wie eine frisch geschnittene Blume gewesen – so glücklich und voller Ideen. Aber er habe Sie zerstört. Er habe Sie vergiftet, denn er habe Sie nie das tun lassen, was Sie wollten. Er habe die ganze Zeit über versucht, Sie zu beherrschen. Es tue ihm so unendlich Leid.«

Iris war sichtlich gerührt: »Ich verzeihe dir, Mitch. Sagen Sie ihm, dass ich ihm verzeihe. Er braucht sich nicht länger zu quälen. Ich will nur, dass er glücklich ist.«

Die Zuhörer im Saal waren tief berührt; sie empfanden es als Ehre, mit anhören zu dürfen, wie diese Frau, die ein Leben lang mit Füßen getreten worden war, solche Worte der Vergebung sprach. Was sie Mitch anbot, war ein echtes Beispiel für bedingungslose Liebe.

»Ihr Mann hat Ihre Worte gehört, und er weint. Er liebt Sie und dankt Ihnen. Sie haben ihm sein Lächeln zurückgegeben. Er sagt, er vermisse Ihre Pirouetten. Sagt Ihnen das etwas?«

»Ja. Als wir damals geheiratet haben, war ich Tänzerin. Er hat stundenlang dagesessen und mir zugesehen, wie ich meine Pirouetten übte. Dieses Foto an seinem Kalender – es wurde bei einer solchen Gelegenheit gemacht.«

Ich dankte und segnete Kathy und Iris dafür, dass sie uns an einem derart persönlichen Augenblick ihres Lebens hatten teilhaben lassen. Und ich dankte Mitch, dass er den Mut aufgebracht hatte, seine Frau und Tochter um Verzeihung zu bitten.

Verzeih mir, denn ich wusste nicht, was ich tat

Jede Séance, die ich halte, ist auf ihre Weise etwas ganz Besonderes. Manche Readings verlaufen extrem emotional, andere sind unglaublich reich an aussagekräftigen Details. In wieder anderen geht es sowohl um Fakten als auch um Gefühle, was zu nicht minder erstaunlichen Wirkungen führt. Manchmal kann ein solches Erlebnis das Leben eines Menschen für immer verändern. Im Folgenden will ich ein Beispiel hierfür geben. Ein Mann kam zu mir, um sich nach seinem Geliebten zu erkundigen, der an Aids gestorben war. Er erwartete nur eine Botschaft seines Lebensgefährten, und so war er völlig überrascht, als Verstorbene aus längst vergangenen Zeiten den Schleier lüfteten, weil sie so dringend den Kontakt zu ihm suchten.

Peter, ein sympathischer, gepflegter Mann mittleren Alters, hatte mich auf einer Wohltätigkeitsveranstaltung für ein Aids-Projekt in Los Angeles arbeiten sehen und sich entschlossen, mich in meiner Praxis aufzusuchen. Ich hatte die Séance gerade mit meinem üblichen Gebet eröffnet, als ich einen blonden Mann zu meiner Rechten stehen sah. Er machte mit ziemlicher Entschlossenheit auf sich aufmerksam.

»Hier ist ein Mann. Er macht die Sache sehr dringend. Er will unbedingt mit Ihnen sprechen und seine Botschaft an Sie loswerden. Er ist blond und ausgesprochen gut aussehend, mit strahlendem Lächeln. Aber ansonsten wirkt er ziemlich forsch und aggressiv.«

Peter schien das Verhalten dieses Geistwesens bekannt zu sein. »Die Beschreibung trifft haargenau auf ihn zu. Genauso war er.«

»Der Name, den er mir nennt, ist absolut ungewöhnlich, aber ich sage ihn trotzdem. ›Norris‹ – kommt Ihnen das vertraut vor? Norris oder vielleicht auch Morris?«

»Ja, Norris. So heißt er«, rief Peter.

»So? Wirklich?«, zögerte ich. »Er sagt nein. Es sei nicht Norris, sondern Norrie. – ›Ich will lieber Norrie genannt werden‹. – Also gut!«, befand ich.

Ich warf Peter einen prüfenden Blick zu. Er sollte nicht den Eindruck gewinnen, dass ich seinem Freund gegenüber unhöflich wäre. Ihm stand der Mund offen, so sehr staunte er über meine Worte.

»Das stimmt! Das war sein Spitzname. Wir haben ihn immer Norrie genannt«, bestätigte er.

»Er lässt Nancy grüßen. Bitte richten Sie es ihr aus. Und er möchte sich bedanken.«

Peter antwortete stockend, so als müsse er jedes meiner Worte erst einzeln verdauen: »Ja, mache ich. Sie ist eine gute Freundin. Sie war da, als er starb.«

»Er liebt sie! Sie möge es sich gut gehen lassen, lässt er ihr ausrichten.«

Und dann fuhr ich fort: »Er sagt, dass ihm die goldenen Nachttischlampen so gut gefallen und dass er an einer davon vor kurzem herumgespielt habe. Gestern oder vorgestern. Haben Sie an den Lampen irgendeine Veränderung bemerkt?«, erkundigte ich mich.

»Ja«, gab Peter zurück. »Erst gestern ist rechts die Birne durchgebrannt. Ich habe mir schon gedacht, dass er es gewesen sein müsste, weil das immer seine Bettseite war. Außerdem hatte ich die Birne erst vor einer Woche ausgewechselt.«

»Ganz typisch!«, rief ich aus und erklärte Peter, dass die Liebe eines Menschen für einen anderen über den Tod hinaus Bestand haben kann. Und wenn dies der Fall ist, zeigt sich das oft durch Auffälligkeiten an elektrischen Geräten im Haus.

Im weiteren Verlauf der Sitzung sprach Norrie über seinen Tod, und er beschrieb, wie stur er während seiner Krankheit gewesen sei.

Er entschuldigte sich bei Peter, weil er dessen Freundlichkeit ausgenutzt habe. Dann sprach er des Längeren über eine Bank und die Leute, die dort arbeiteten. Peter bestätigte, dass Norrie tatsächlich in einer Bank gearbeitet hatte. Mitten im Reading sagte Norrie auf einmal, dass noch jemand anderes mit Peter sprechen wolle. Er versicherte seinem Freund, dass er bald wieder von ihm hören und er in seinen Träumen immer bei ihm sein würde.

»Hier ist eine Frau, die Sie sprechen möchte. Sie hat einen britischen Akzent und heißt Julie.«

»Ja, ich kenne sie«, nickte Peter.

»Von der Schwingung her wirkt sie mütterlich. Stimmt das? Ist Ihre Mutter gestorben?«

»Ja, und sie heißt Julie.« Dann wandte sich Peter direkt an die Frau.

»Hallo, Mutter. Herzlich willkommen. Danke, dass du gekommen bist.«

Ich stimmte mich auf die Schwingungen der Frau ein, und während ich es tat, fühlte ich mich auf einmal fürchterlich elend. Sie war mit sorgenschwerem Herzen gekommen und brauchte Zuspruch und Liebe.

»Die Frau hier ist ziemlich aufgewühlt, Peter. Ich soll Ihnen sagen, wie Leid es ihr täte. Sie sagt, sie habe ihr Leben nicht in der Hand gehabt und geglaubt, Sie nicht aufziehen zu können.«

Peter stiegen die Tränen in die Augen.

»Sie bedauert, dass sie nicht für Sie da gewesen ist. Es ist ihr so wichtig, dass Sie ihr verzeihen.«

»Ich verzeihe ihr. Ich weiß, was sie meint.«

»Sie gesteht, dass sie Ihnen als Mutter wohl keine große Hilfe gewesen ist, und wünscht, sie hätte Ihnen mehr beibringen können, besonders als Sie klein waren. Sie weiß, welches Leid Sie Ihnen in Ihrem Leben zugefügt hat, aber irgendwie hofft sie auch, dass Sie das vielleicht stärker gemacht hat.«

»Bestimmt«, gab Peter zurück. »Wenn ich zurückdenke, war es ziemlich hart, aber ich habe an innerer Stärke und Selbstbewusstsein gewonnen.«

»Ihre Mutter ist sehr stolz auf Sie. Sie sagt, dass Sie sie besser kennen lernen würden, wenn Ihre Zeit gekommen sei und Sie sie wieder sähen. Sie sagt: ›Mein Sohn hat ein mitfühlendes Herz.‹«

Peter lächelte.

In diesem Augenblick stand plötzlich wie aus heiterem

Himmel ein anderes Geistwesen vor mir. Als ich mich dieser neuen Erscheinung zuwandte, gewahrte ich eine Nonne im schwarzen Ordenskleid, die einen übergroßen Rosenkranz um die Taille gebunden hatte.

»Ich bin hier, um mit Peter zu sprechen. Kann ich es jetzt tun?«, bat sie mich.

»Ja«, nickte ich. »Aber wer sind Sie?«

»Ich bin Schwester Edith. Als Kind war er mein Schüler. Ich habe mich um ihn gekümmert, als er klein war.«

Ich fragte Peter, ob er damit etwas anfangen könne.

»Ja«, nickte er. »Sie hat mich großgezogen.«

»Sie lässt Ihnen sagen, es täte ihr zutiefst Leid. Sie bittet Sie um Vergebung. Sie sagt, dass sie sehr böse und grausam zu Ihnen gewesen sei; dass sie Sie immer in dunkle Schränke oder Räume gesperrt habe.«

»Ja, es war schrecklich«, bestätigte er.

Die Szene, die nun kam, löste unangenehme Gefühle in mir aus, noch während ich sie Peter beschrieb. Dennoch musste ich fortfahren.

»Die Nonne sagt, sie verstünde jetzt sehr viel mehr als früher auf Erden. Sie habe damals keine Geduld gehabt und sei frustriert gewesen. Ihre Situation habe sie unzufrieden gemacht; sie habe das Gefühl gehabt, in der Falle zu sitzen. Und sie habe ihren ganzen Unmut an den Kindern ausgelassen.«

»Das kann man wohl sagen. Sie war eine schreckliche Person. Nach allem, was sie mir angetan hat, verlangen Sie viel von mir, wenn ich ihr verzeihen soll. Sie war wohl an einem Ort, an dem sie nie hätte sein dürfen.«

»Sie meint, sie sei von ihrer Familie stark unter Druck gesetzt worden«, warf ich ein.

Peter schwieg eine Weile. Dann fuhr er fort. »Natürlich verzeihe ich ihr, aber es fällt mir schwer, das Ganze je zu vergessen.«

Im weiteren Verlauf der Séance erklärte Schwester Edith ihrem einstigen Schüler, dass sie jetzt, im Jenseits, begreifen lerne, was Liebe heißt.

»Sie dankt Ihnen, dass Sie Ihr Vergebung und damit ein Zeichen der Liebe hätten zukommen lassen.«

Nach dem Reading erzählte mir Peter, dass seine Mutter eine arme verirrte Seele gewesen sei, die ihn im Alter von fünf Jahren im Waisenhaus abgegeben habe. Dort habe er bis zu seinem fünfzehnten Lebensjahr unter der Kuratel von Schwester Edith und mehreren anderen Nonnen gelebt.

In Peters Leben gab es einiges, was er zu verzeihen hatte. Es berührte mich zutiefst, miterleben zu dürfen, wie es ihm, seiner Mutter und Schwester Edith in dieser großartigen Sitzung gelang, ihren alten Schmerz loszulassen.

Immer wieder stelle ich den Teilnehmern meiner Veranstaltungen die Frage, ob es in ihrem Leben je einen Moment gegeben hat, in dem sie sich selbst gewünscht hätten, man möge ihnen eine ihrer Taten verzeihen oder sie nicht vorschnell verurteilen. Wann immer es um Vergebung geht, heißt es, sich einmal in den anderen hineinzuversetzen. Womöglich haben wir dessen Situation nicht berücksichtigt. Vielleicht verstehen wir auch seine Motive oder Sichtweise nicht. Oder wir haben unsere Erwartungen auf ihn projiziert. Wie dem auch sei – im Zweifelsfall sollten wir stets für den Angeklagten entscheiden, denn wer vergibt, dem wird vergeben werden.

Für mich ist Vergebung ein Akt der Gnade. Daran dürfen weder Bedingungen noch Erwartungen an das Ergebnis geknüpft sein. Wenn wir einem anderen Menschen wirklich vergeben, bringen wir die höchsten Aspekte unserer Seele zum Klingen; dabei öffnet sich die uns zugefügte Verletzung noch einmal, um unter dem Einfluss uneingeschränkter Liebe endgültig heilen zu dürfen. Vergebung befreit das Herz, erlöst uns aus unserer Opferrolle und legt uns die Zügel unseres Lebens selbst in die Hand. Sie hilft uns, unser wahres Selbst zu verwirklichen.

12
Liebe

Liebe ist das Gesetz Gottes. Wir leben, um lieben
zu lernen. Wir lieben, um leben zu lernen. Eine andere
Lektion muss der Mensch nicht lernen.

MIKHAIL NAIMY

Liebe – Was ist das eigentlich? Ist es ein natürlicher, angeborener Instinkt? Ist es eine erlernte Verhaltensweise, die wir aufgrund unserer Konditionierung zu akzeptieren gelernt haben? Ist es das Gefühl, dass aus den Augen der Verliebten spricht? Oder ist es vielleicht ein geheimnisvoller, unerreichbarer Stern – etwas, nach dem wir ein Leben lang zu greifen suchen?

Ich persönlich glaube, dass Liebe *alles* ist. Nach meiner Überzeugung ist es jene Gotteskraft, deren Teil wir alle sind. Im spirituellen Bereich wird sie vom Licht symbolisiert, und wir sind Wesen des Lichts. Je ausgeprägter unser Wissen um die lichthafte Seite unserer Existenz, desto heller leuchtet es. Wenn wir zur Welt kommen, ist sie uns noch bewusst. Danach werden wir gedrängt, sie entweder noch mehr zum Strahlen zu bringen oder sie vor uns und der Welt zu verstecken. Manch einer verliert sie völlig aus den Augen und sucht ein Leben lang nach billigem Ersatz für die Liebe. Drogen, Sex und Gewalt zum Beispiel sind solche Substitute.

Haben wir erst einmal das Licht der Liebe in uns selbst erkannt, fällt es uns leichter, es auch in anderen zu entdecken. Sind zwei Menschen verliebt, dann sehen sie dieses Licht im anderen. Für sie existiert die äußere Welt nicht mehr, sie wohnen in ihrem eigenen kleinen Universum der Liebe und lassen sich von dem Glanz und der Herrlichkeit ihrer Liebe berühren.

Wer aus dem innersten Licht der Seele – dem tiefsten Zentrum der Liebe – heraus lebt, führt ein wahrhaft spirituelles Leben. Wie ein Verliebter nähern wir uns unserem »Herzensselbst«. Mit jedem liebevollen Gedanken, mit jedem freundlichen Wort, mit jedem Gefallen, den wir einem anderen Menschen tun, nähren wir das göttliche Prinzip der Liebe, und jedes Mal wird es uns wärmer ums Herz. Wenn wir die Welt mit zärtlichem Blick betrachten, spüren wir die Schönheit und Freude, die in allem steckt, und wir schaffen uns den Himmel auf Erden.

Als ich anfing, meine Bücher und Unterlagen nach Texten zum Thema Liebe zu durchforsten, stellte ich fest, welche Herkulesaufgabe ich mir da vorgenommen hatte. Wie könnte ich die Liebe auf einen bestimmten Aspekt reduzieren – gelten für sie doch keine Beschränkungen und ist doch keine ihrer Formen wichtiger als die andere? Sollte ich die Liebe beschreiben, die eine Mutter für ihr Kind empfindet, oder jene zwischen Mann und Frau oder auch zwischen einem Tierfreund und seinem vierbeinigen Liebling? Es war, gelinde gesagt, eine schwierige Entscheidung.

Die drei Readings, die ich am Ende ausgewählt habe, zeugen von Akten der Liebe, wie sie von ganz normalen Menschen vollbracht wurden. Es sind Beispiele für Liebe in ihrer reinsten Form – die Bereitschaft, ein Opfer zu bringen oder gar das eigene Leben für einen anderen hinzugeben –, die den, dem sie gilt, heilen oder verwandeln kann, wenn er sie nur anzunehmen bereit ist. Ich hoffe, dass Sie die Lektüre selbst als erhellend empfinden werden. In dem Maße, wie sich in unserem eigenen Leben die Liebe entfalten kann, geben wir sie an jeden weiter, der mit uns in Berührung kommt.

Ein Engel hat mir das Leben gerettet

Man kann unmöglich einen Film drehen oder einen Roman schreiben, der dramatischer oder beeindruckender wäre als das Leben eines durchschnittlichen Menschen, das mit all seinen Irrungen und Wirrungen und den damit einhergehenden gefühlsmäßigen Höhen und Tiefen kaum nachzustellen ist.

Die folgende Geschichte führt uns dies deutlich vor Augen. Sie ist ein Beispiel für die Reinheit der Liebe und den tiefen Respekt vor dem Leben. In diesem Falle wurden zwei Menschen, die sich im Leben so gut wie fremd waren, durch den Tod miteinander verbunden.

Das Ganze ereignete sich auf einer Séance, die ich in Los Angeles für eine nette Gruppe von acht Personen hielt. Immer wenn ich mehrere Readings auf einmal mache, sticht eines davon besonders hervor, und jedes Mal spüre ich, dass es der eigentliche Grund meines Besuches ist. Oft kommt es vor, dass ein Geistwesen den Kontakt mit einem Lebenden so dringend sucht, dass es alles Erdenkliche zur Schaffung einer Situation unternimmt, in der seine Botschaft übermittelt werden kann.

Nachdem ich für vier der acht Anwesenden in Kommunikation gegangen war, war mir eigentlich nach einer Pause zumute. Doch ich hatte das Gefühl, unbedingt noch ein weiteres Reading machen zu müssen. Mein Blick fiel auf einen jungen Mann, der am Ende des Sofas Platz genommen hatte. Er hieß Andrew, war etwa zweiundzwanzig Jahre alt, hatte hellbraunes Haar und trug ein kariertes Hemd in leuchtenden Farben. Er wirkte ausgesprochen still, und ich hatte den Eindruck, dass er nicht aus eigenem Entschluss zu der Séance gekommen war. Später erfuhr ich, dass ich mit meiner Vermutung richtig gelegen hatte. Andrew hatte sich von einem Freund zur Teilnahme überreden lassen.

Als ich mich an ihn wandte, teilte er mir mit, dass er mit seiner Großmutter sprechen wolle, bei der er aufgewachsen war. Doch selbst mit intensivster Konzentration konnte ich keine Schwingungen von der Verstorbenen aufgreifen. Stattdessen meldete sich jemand völlig Unerwartetes.

»Haben Sie irgendeine besondere Verbindung zu Chicago?«, fragte ich.

»Ja. Da bin ich geboren, und meine frühe Kindheit habe ich dort verbracht.«

»Hmm ... Sind Sie dort zur Schule gegangen?«

»Ja, eine Zeit lang. Warum?«, wollte Andrew wissen.

»Ich sehe eine Schule in Chicago und einen kleinen Jungen.«

»Wer ist Ziggy?«, fuhr ich fort. »Der Name ist etwas sonderbar, aber so höre ich ihn. Sagt er Ihnen etwas?«

»Ziggy? Ich kenne keine Ziggy«, gab Andrew zurück.

»Nein, nicht jetzt. In Chicago. Vor vielen, vielen Jahren«, beharrte ich.

»Nein ... nicht, dass ich wüsste.«

Andrew zögerte einen Moment. Ich konnte die Gehirnzellen in seinem Kopf förmlich rattern hören, während er versuchte, sich an einen Menschen namens Ziggy zu erinnern. Ein paar Minuten vergingen, ohne dass ihm etwas eingefallen wäre, und gerade wollte ich weiter sprechen, als er mir ins Wort fiel:

»Moment mal! Ich habe tatsächlich jemanden gekannt ... Ja, das war der gute alte Ziggs. Wegen des David-Bowie-Albums haben wir ihn Ziggy genannt. Als Kinder waren wir viel zusammen, mit noch zwei anderen Jungen. Der eine hieß Mike Barras und der andere ... ich weiß nicht mehr, wie er hieß.«

»Wyland?«, warf ich ein.

Andrew wurde blass, und er riss überrascht die Augen auf: »Ja. Woher wissen Sie das?«

»Es steht ein Mann vor Ihnen, der sagt, er kenne Sie von damals. Er sagt, er habe Sie, Ziggy und Wyland gekannt.«

Andrew war von meinen Worten sichtlich aufgewühlt. Ungläubig schüttelte er den Kopf. »Wer ist es? Was ist das für ein Mann? Kenne ich ihn?«, wollte er wissen.

Ich schickte eine mentale Botschaft an das Geistwesen und bat es um nähere Angaben zu seiner Identität. Nach ein paar Minuten erhielt ich in Gedanken die Antwort und gab sie an Andrew weiter:

»Der Mann, der hier steht, gibt mir zu verstehen, dass er Ihr Schutzengel sei. Er sorge sich um Ihr Wohlergehen. Er zeigt mir seine Hände. Ich sehe verhornte Stellen. Er arbeitet wohl viel mit den Händen. Jetzt zeigt er mir Werkzeuge. Er sagt, Sie würden ihn unter dem Namen Shorty kennen.«

Auch diesmal versuchte Andrew angestrengt, sich an den Namen zu erinnern.

Ich gab inzwischen die Eindrücke weiter, die mir übermittelt wurden.

»Shorty ist an Herzschwäche gestorben. Aber er zeigt mir auch Rauch ... so, als ob es brennen würde.«

In diesem Augenblick entfuhr Andrew ein Schrei. Offenbar hatte ich ihm das richtige Stichwort gegeben!

»Oh, mein Gott!« Seine Augen füllten sich mit Tränen. »Ich kann es nicht glauben. Ist es etwa der ... der Shorty aus meiner Schule?«, brachte er hervor.

»Ja, aus Chicago.«

Er stöhnte auf und warf sich die Hände vors Gesicht.

Die anderen ringsum klopften ihm auf die Schulter und versuchten, ihn zu trösten, doch es dauerte gute fünf Minuten, bis er sich wieder einigermaßen gefasst hatte.

»Shorty war der Hausmeister an meiner Grundschule. Eines Tages gab es eine Explosion im Heizungskeller, und Ziggy, Wyland und ich saßen dort in der Falle. Alles brannte. Wir schrien wie am Spieß, denn wir dachten, keiner von uns würde da lebend herauskommen. Und auf einmal sahen wir Shorty durch den Rauch auf uns zukommen. Er hat uns da rausgeholt! Wäre er nicht gewesen, säße ich jetzt nicht hier. Der Mann hat mir das Leben gerettet!«

Es ging ein Raunen durch den Raum.

»Er hat sein Leben für mich aufs Spiel gesetzt! Ich verdanke ihm alles. Danke, Shorty! Ich liebe dich«, rief Andrew und wandte den Blick nach oben.

Dann sah er mich an: »Aber warum ist er jetzt bei mir? Warum begleitet er mich?«

Eine kleine Erklärung zu den Besonderheiten der geistigen Welt war vonnöten.

»Während seines Erdendaseins führte Shorty ein ähnliches

Leben wie Sie jetzt. Er ist hier, um über Sie zu wachen und Ihnen zu helfen, nicht noch einmal die gleichen Fehler zu machen wie er. Er hat ein aufrichtiges Interesse an Ihrem Wohlergehen. Eines der positivsten Dinge, die er je in seinem irdischen Leben vollbracht hat, so sagt er, sei eben die Rettung von Ihnen und Ihren Freunden gewesen. Nun will er sicherstellen, dass dieser Akt der Nächstenliebe in irgendeiner Weise fortwirken kann. Darum bleibt er in Ihrer Nähe, um Sie zu beschützen. Er sei mit Ihnen in Springfield gewesen, sagt er. Ist Ihnen dieser Ort vertraut?«, erkundigte ich mich.

Andrew war wie vom Donner gerührt. »Ach so! ... Jetzt habe ich begriffen! Ja, glauben Sie mir. Jetzt verstehe ich das Ganze!«

Aufmerksam hörte ich zu, wie mir Shorty einige unglaubliche Dinge aus Andrews Leben erzählte. Hätte ich seine Worte vor versammelter Mannschaft wiedergegeben, wäre das dem jungen Mann sicher peinlich gewesen.

»Ich möchte nach dem Ende der Sitzung noch einmal unter vier Augen mit Ihnen sprechen, und Ihnen erzählen, was Shorty noch gesagt hat. Es handelt sich um etwas ausgesprochen Persönliches.«

Später am Abend setzten Andrew und ich uns in einem Nebenraum zusammen, und ich teilte ihm den Rest von Shortys Botschaft mit.

»Shorty macht sich große Sorgen um Sie. Er sprach von Drogen. Er sagte, Sie hätten in der Strafanstalt von Springfield eingesessen; es hätte nicht sein müssen ...«

»Ja, ich habe Drogen gedealt und bin erwischt worden«, gab Andrew zu.

»Ihr Freund Shorty ist heute Abend hierher gekommen,

um Ihnen zu helfen. Er meinte, dass Sie sich Hilfe holen müssten, um aus Ihrer Sucht herauszukommen, und dass nur Sie selbst sich da herausholen könnten.«

»Mist! Woher wusste er das? Niemand weiß etwas davon!«

»Er sagte, Sie müssten aufhören, wenn Sie nicht ganz untergehen wollten. Es war ihm wichtig, dass Sie das klar und deutlich gesagt bekämen!«, betonte ich ernst.

Ich sah im direkt in die Augen. »Haben Sie das verstanden?«

Andrew weinte wie ein kleines Kind. Ich legte meinen Arm um seine Schultern, und wir redeten über seine prekäre Situation.

Ich weiß nicht, ob es die Konfrontation mit den Fakten oder die liebevolle Zuwendung seines Schutzengels Shorty war, aber an jenem Abend änderte Andrew sein Leben von Grund auf. Er beschloss noch an Ort und Stelle, die Verantwortung für sich selbst zu übernehmen, und versprach mir, sich an die Suchtberatungsstelle zu wenden und einen Entzug anzutreten. Gemeinsam dankten wir Shorty dafür, dass er zurückgekehrt war, um Andrew noch ein zweites Mal das Leben zu retten.

Dieses Reading fand vor fünf Jahren statt. Heute hält Andrew Vorträge vor Gruppen der Narcotics Anonymous, einer Selbsthilfegemeinschaft genesender Süchtiger*. Er hat einen wesentlichen Beitrag dazu geleistet, vielen anderen Betroffenen das Leben zu retten und ist zu einer Art Engel auf Erden geworden.

* [Anm. d. Ü.: auch in Deutschland geschützter Name, siehe Internet z B unter www.na-berlin.de]

Du hast dein Leben für mich hingegeben

Vor einigen Jahren erklärte ich mich dazu bereit, in einer Fernsehshow mit dem Titel *Paranormal Borderline* (»paranormale Grenze«) aufzutreten. Aus Hunderten von Einsendungen suchten die Produzenten die Geschichte aus, bei der ihnen ein Reading am viel versprechendsten erschien. So kam es, dass eines Tages Tom und Michelle Okins mit einem ganzen Tross von Fernsehleuten bei mir im Wohnzimmer standen.

Tom hatte im Alter von fünf Jahren seine Mutter verloren. Man hatte ihn damals von seiner Familie getrennt, und sein bisheriges Leben war ein einziger Kampf gegen Drogen und Alkohol gewesen. Schon mehrfach hatte er versucht, sich das Leben zu nehmen. Mit seinen dreißig Jahren hatte er das Gefühl, dass ihm etwas Wesentliches fehlen würde, und ich war offenbar seine letzte Hoffnung, es wieder zu finden.

Endlich waren alle Vorbereitungen im Hinblick auf Beleuchtung und Dekoration getroffen und die Mikros und Kameras in Stellung. Ich bat meine beiden Gäste, sich auf mich zu konzentrieren, während ich mich entspannte und mich energetisch auf die geistige Welt einstimmte. Schon bald verschwammen die Grenzen zwischen Diesseits und Jenseits, und die Gedanken eines Geistwesens drangen mir in den Sinn.

»Hier ist eine Frau – eine extrovertierte Person, die sich von keinem den Weg verstellen lässt. Sie wirkt ausgesprochen selbständig, und irgendwie ähneln Sie ihr, Tom. Ich meine, von Ihrer Persönlichkeit her.«

Es war offensichtlich, dass er nur darauf lauerte, irgendeinen wenn auch noch so kleinen Hinweis darauf zu erhalten, dass ich mit seiner Mutter in Kontakt war.

»Ja, das muss wohl so sein. So hat man es mir jedenfalls erzählt. Ich selbst kann mich natürlich nicht mehr daran erinnern.«

»Wissen Sie, ob Ihre Mutter irgendwelche Verbindungen nach Oklahoma hatte?«, erkundigte ich mich.

»Die Frau redet von Ihrer Uhr, Michelle. Sie sagt, dass sie kaputt sei; und irgendetwas von drei Uhr.«

»Oh, Gott! Ja. Das stimmt! Heute im Hotel. Sie ist um drei Uhr stehen geblieben. Sehen Sie selbst!« Michelle hielt mir ihr Handgelenk mit der defekten Uhr hin. 3.15 Uhr stand da zu lesen. Die beiden starrten sich an und drückten einander die Hand.

Ich nahm mir Zeit mit der Übermittlung der Botschaft, denn ich wusste, dass für Tom und Michelle damit ein Traum wahr werden würde.

»Tom, ich glaube, dass es sich bei der Frau, die neben Ihnen steht, tatsächlich um Ihre Mutter handelt. Sie kann es kaum abwarten, endlich mit Ihnen zu reden.«

Der Mann nickte dankbar.

»Sie freut sich so, hier sein zu können und ist schon ganz aufgeregt. Und Ihnen, Michelle, möchte sie dafür danken, dass Sie sich so gut um ihren Sohn kümmern. Sie meint, Sie hätten ihn gerettet, und sie stünde tief in Ihrer Schuld.«

Wieder an Tom gewandt fragte ich: »Wer arbeitet in einer Bank?«

»Ich«, meldete sich Michelle.

»Die Frau sagt, sie würden dort nicht mehr sehr lange bleiben.«

»Das ist komisch«, antwortete Michelle. »Ich denke momentan darüber nach, den Job zu wechseln. Ich will Lehrerin werden.«

»Nun, die Frau sagt, dass Sie das schaffen würden«, bestätigte ich. »Jetzt zeigt sie mir eine Gitarre, und sie singt. Sie sagt, sie würde gern singen. Stimmt das, Tom?«

»Oh ja.« Auf einmal fing er an zu weinen. Ich reichte ihm eine Packung Taschentücher, und er wischte sich die Tränen aus den Augen. Ein paar Minuten vergingen, dann sagte er: »Meine Mutter hat wirklich Gitarre gespielt.«

Er kramte aus seiner Hosentasche ein Foto hervor und hielt es mir hin. Es zeigte seine Mutter, wie sie vor dem Kamin saß und Gitarre spielte. Fasziniert sahen wir es an. Es war absolut still im Raum. Als ich mich umsah, merkte ich, dass den Leuten die Tränen über die Wangen liefen. So etwas hatte das Fernsehteam garantiert noch nicht erlebt.

Gerade als ich dachte, wir hätten den Höhepunkt der emotionalen Achterbahnfahrt erreicht, wartete das Geistwesen mit einer weiteren Botschaft auf.

»Ihre Mutter zeigt mir eine Landstraße, die mitten durch die Maisfelder führt. Sie fährt ein altes Auto und trägt einen großen Strohhut. Sie singt das Lied aus dem Autoradio mit.«

Jetzt schluchzte Tom hemmungslos.

»Es ist merkwürdig, aber sie zeigt mir dauernd Briefkästen. Sie wissen schon, diese Art von Kästen, wie sie am Straßenrand stehen.*«

Seufzend brachte er hervor: »Ja, das stimmt. Es passierte, als sie unterwegs war, um die Nachmittagspost zu holen.«

Plötzlich übermannte mich ein intensives Bild, das von ohrenbetäubendem Lärm begleitet war.

»Ihre Mutter sitzt singend im Auto und fährt die Straße entlang. Sie schaut zu einem kleinen Jungen hinüber, der auf

---

* Anm. d. Ü.: in Amerika auf dem Land

dem Beifahrersitz neben ihr sitzt. Ich höre ein Flugzeug über ihnen. Es ist eines dieser Sprühflugzeuge, mit dem die Felder mit Chemikalien gespritzt werden. Das Geräusch wird lauter. Ihre Mutter hält an. Auf einmal gerät das Flugzeug außer Kontrolle und stürzt ab – direkt auf das Auto. Es bleibt ihr gerade noch Zeit, den kleinen Jungen zu Boden zu werfen, dann reißt das Flugzeug das Dach des Wagens weg. Ihre Mutter ist sofort tot. Aber der Junge neben ihr lebt.«

Damit endete die Vision.

Tom schwieg eine Weile, dann sah er mich an und sagte mit zögernder Stimme: »Der Junge in dem Auto, das war ich.«

Ich erwiderte seinen Blick und langsam dämmerte mir, was er gesagt hatte. Als ich mich aus meiner Trance löste und mit dem Bewusstsein wieder in den Raum zurückkehrte, fühlte ich mich völlig ausgebrannt. Mir war, als wäre ich auf einer Reise durch Zeit und Raum in die Vergangenheit zurückversetzt worden. Ich bekam kaum mit, wie der Regisseur »Schnitt!« rief.

Ich bekam weitere Botschaften für das sympathische junge Paar.

»Ihre Mutter lässt Ihnen sagen, dass sie Sie über alles liebt. Wenn es sein müsste, würde sie es noch einmal tun. Sie sollten wissen, dass sie nie aufgehört habe, Sie zu lieben; dass sie immer bei Ihnen gewesen sei und immer bei Ihnen sein werde.«

Die Frau war mit ihrer Rede noch immer nicht am Ende.

»Sie meint, Sie sollten sich nicht von den anderen unterkriegen lassen. Sie seien aus hartem Holz geschnitzt.«

Und dann teilte sie den beiden mit, dass Sie ein Baby bekommen würden – ein Mädchen. Später erzählten mir Tom und Michele, dass sie sich mit dem Gedanken trügen, eine Familie zu gründen, und dass sie ihrer Tochter den Namen seiner Mutter geben würden.

Freundinnen bis in den Tod

Das nun folgende Reading fand auf einem metaphysischen Kongress im Mittleren Westen statt. Solche Veranstaltungen bieten eine wunderbare Gelegenheit, Menschen der verschiedensten Interessen und Glaubensrichtungen zusammenzubringen und gemeinsam Dinge zu erleben, die aus dem Rahmen des Alltäglichen herausfallen. Mir ist es immer ein besonderes Vergnügen, gerade solche Menschen an meiner Gabe teilhaben zu lassen, denen so etwas völlig fremd ist.

An jenem Herbstmorgen war meine Freude besonders groß: Ich hatte Gelegenheit, die Botschaft eines Geistwesens zu überbringen, das an eine alte Freundschaft anknüpfen wollte, die dreißig Jahre zuvor begonnen hatte.

Während ich meinen Blick durch das Publikum schweifen ließ, wurde meine Aufmerksamkeit plötzlich zu einer rothaarigen Frau geleitet, die ganz hinten im Saal Platz genommen hatte. Unmittelbar über ihr schwebte ein Geistwesen – eine Frauengestalt mit wunderschönen meerblauen Augen. Es war ihr offenbar sehr daran gelegen, sich mir bemerkbar zu machen, und so wandte ich mich an die Zuschauerin: »Ich möchte mit Ihnen beginnen. Es zieht mich zu Ihrem Platz hin, denn neben Ihnen steht eine Frau.«

Sie stand auf und sah sich verwirrt um.

»Sie hat wunderschöne blaue Augen und braunes Haar«, berichtete ich.

»Könnte es sich um meine Großmutter handeln? So sah sie nämlich in jungen Jahren aus«, erwiderte sie.

»Nein«, wehrte ich ab. »Dieser Gedanke wird mir nicht übermittelt. Die Frau kannte Sie, als *Sie beide* jünger waren.«

Die Zuschauerin wirkte ratlos.

»Sie sagt mir, dass Sie beide sich wesentlich näher stünden, als Sie meinen, und dass sie Ihnen aufs Innigste zugetan sei. Sie seien zusammen aufgewachsen und sie werde immer Ihre Freundin bleiben.«

Noch immer schien sie sich an nichts zu erinnern.

»Wer ist Emma?«, fragte ich.

»Das bin ich«, gab sie zurück.

»Die Frau zeigt mir Puppen und eine Puppenstube. Können Sie damit etwas anfangen?«

»Nein, tut mir Leid«, erwiderte Emma ohne zu zögern. »Sind Sie sicher, dass ich die richtige Person bin?«

Ich konzentrierte mich auf die Gedanken des Geistwesens und bat um weitere Informationen zur Identifizierung.

»Die Frau sagt mir, dass Sie sie immer so gern gekämmt hätten. Sie hätten sich gewünscht, auch solches Haar wie sie zu haben.«

Langsam schien es Emma zu dämmern, von wem ich sprach. Ich hatte den Eindruck, dass sie nach Erinnerungen aus längst vergangenen Zeiten graben musste, die irgendwo tief in ihrem Gedächtnis verborgen waren, aber nun nach und nach ans Licht kamen.

»Ich glaube, ich weiß, wer es ist«, murmelte sie.

»Die Frau spricht von einer Operation«, fuhr ich fort.

Da schrie sie auf und fing an zu schluchzen.

»Patty?«, fragte sie.

»Sie nennt mir im Moment noch keinen Namen, aber sie

meint, Sie würden sich vielleicht daran erinnern, wie Sie gemeinsam mit einem Eiscreme-Wagen gefahren seien.«

»Ja, dann ist es Patty. Ihr Vater fuhr einen *Good-Humor*-Eiswagen*, und nach dem Essen nahm er uns immer mit. Wir durften abwechselnd mit der Glocke klingeln. Oh, mein Gott, Patty. Ich liebe dich. Danke! Ich weiß gar nicht, wie ich dir danken soll.«

Pattys Gedanken strömten mir weiter durch den Sinn.

»Sie liebt sie auch, und sie wird Sie immer lieben. Sie sagt, Sie sei ein Teil von Ihnen und würde es immer bleiben.«

Ich dachte, Patty wolle damit zum Ausdruck bringen, dass sie ihrer Freundin immer zur Seite stehen würde und erkannte nicht, dass sich ein tieferer Sinn hinter ihrer Botschaft verbarg.

»Ja, das stimmt. Wenn Patty nicht gewesen wäre, würde ich heute nicht hier vor Ihnen stehen.«

»Und warum?«, erkundigte ich mich.

Unter Tränen erzählte Emma ihre Geschichte.

»Als wir Kinder waren, hatte ich eine seltene Nierenkrankheit, und ich brauchte eine Spenderniere, um weiterleben zu können. Wegen der guten Gewebeverträglichkeit und weil wir gleich alt waren, war Patty die ideale Spenderin. Sie hatte gerade erfahren, dass sie Leukämie hatte und darum beschlossen, mir ihre Niere zu geben. Wir haben darüber immer irgendwie gelacht. Sie sagte, dort wo sie hingehen würde, bräuchte sie keine Niere; ich solle gut auf sie aufpassen, sonst würde sie zurückkommen und sie mir wieder wegnehmen.«

Keiner im Saal hatte mit einer solchen Geschichte gerechnet. Es herrschte Totenstille. Doch auf einmal erhob sich to-

---

* Anm. d. Ü: eine US-amerikanische Eiscreme-Marke.

sender Applaus. Die Zuschauer klatschten aus Begeisterung über die tiefe Liebe eines kleinen Mädchens, die ihrer besten Freundin einen Teil von sich geschenkt hatte, damit diese überleben konnte.

Nach dieser Offenbarung konnte ich für den Rest des Tages kein weiteres Reading halten. So wie das Publikum, war auch ich von Pattys Liebesbeweis emotional viel zu stark berührt, um weitermachen zu können.

Wie Sie gesehen haben, reicht die Liebe so weit, dass sie den Tod überdauert. Sie ist die stärkste Kraft im Universum. Wird sie aus ganzem Herzen gegeben, wirkt sie einend, erbauend und schützend. Sie ist konzentrierte Energie, die vor keiner Grenze Halt macht. Wahre Liebe kennt weder Eifersucht noch Besitzstreben und ist an keinerlei Bedingungen geknüpft. Ich glaube, dass wir eine Lebensspanne nach der anderen durchlaufen, um unser Wissen um die Liebe zu vervollkommnen und ihre Manifestation in den unterschiedlichsten Ausprägungen zu erleben. Wie sonst könnten wir die vielen verschiedenen Facetten unseres Seins erkennen?

Teil III

Das Erwachen

13

Erinnerung an unser wahres Selbst

> Wär nicht das Auge sonnenhaft,
> die Sonne könnt es nie erblicken.
> Läg nicht in uns des Gottes eigne Kraft,
> wie könnt' uns Göttliches erquicken.
>
> JOHANN WOLFGANG VON GOETHE,
> *Zahme Xenien III*

Wir leben am Beginn des einundzwanzigsten Jahrhunderts in einer Zeit voller unglaublicher Durchbrüche in Wissenschaft und Technik, die uns globale Kommunikationsmöglichkeiten, die Gentherapie und viele andere Errungenschaften bescheren. Nie zuvor waren die Menschen so gut miteinander vernetzt wie heute, und doch erscheinen sie einsamer denn je. Wohin wir unseren Blick auch wenden, überall sehen wir unausgefüllte, unglückliche Menschen. Sie wirken roboterhaft und mit sich selbst beschäftigt, und es scheint, als würden sie das Leben wie eine Routineveranstaltung absolvieren.

Andere sind Sklaven ihrer Wut, Krankheit, Depression; im Griff von Angst, Gier oder Hass. Warum ist das so? Ich glaube, es liegt an dem Wertesystem unserer Gesellschaft, das auf Illusionen und falschen Vorstellungen gründet. Wir haben gelernt, die Jagd nach Geld für etwas Großartiges zu halten und zu glauben, dass Reichtum ein Synonym für Glück und Zufriedenheit ist. Materieller Wohlstand heißt Macht, und Macht heißt Erfüllung – diese Gleichung ist uns eingeimpft worden. Beten wir aber die Götzen Macht und Geld an, müssen wir uns von der Gesellschaft gleichzeitig permanent unsere eigenen Unzulänglichkeiten vor Augen führen lassen.

Und wie sieht es mit jenen aus, die in Macht und Würden sind? Immerzu setzen wir Menschen auf ein Podest und erwarten von ihnen, perfekt zu sein; sind sie es nicht, fühlen wir uns betrogen. Wir geben unsere Macht an andere ab, und setzen diese sie anders ein, als es uns lieb ist, fühlen wir uns als Opfer. Haben wir uns aber erst einmal selbst in die Rolle des Opfers manövriert, ruft das Vergeltungsgefühle wach, deren Schwingungen uns in einen Teufelskreis ziehen. Empfinden wir nämlich Angst, Ärger und Widerwillen, so ziehen wir Situationen an, die neuerlich Angst, Ärger und Widerwillen auslösen. Je mehr wir unser Bewusstsein auf die äußere Welt richten, desto weiter entfernen wir uns vom geistigen Weg.

Die Welt leidet an einem massiven spirituellen Defizit – einem Hunger, der nicht gestillt wird. Im Idealfall sollte uns die Religion das Tor zu unserer Spiritualität öffnen, doch allzu oft ist dies nicht der Fall. Es reicht nicht, zur Kirche zu gehen, zu beten, zu singen, zu predigen und Geld zu spenden, um spirituell zu sein. Wir müssen die geistigen Prinzipien verstehen und sie in unserem Alltag in die Tat umsetzen. Leider sind die von den Religionen gelehrten Wahrheiten durch persönliche Interpretationen derart verzerrt, dass die Angst vor Gott an die Stelle der Gottergebenheit getreten ist. Es bleibt einem jeden Einzelnen von uns überlassen, die Wahrheiten von den Dogmen – die Spreu vom Weizen – zu trennen.

Menschen mit spiritueller Ausrichtung sind von jeher Freigeister gewesen, doch von ihnen einmal abgesehen hat die überwiegende Mehrheit der heutigen Bevölkerung ihre wahre Identität vergessen. Alle suchen nach Glück, Liebe und Freude, doch die meisten Menschen tun dies außerhalb ihrer selbst. Sie erkennen nicht, dass wir – obgleich wir in einer materiellen Welt leben und physische Empfindungen haben – tief in unserem Inneren etwas viel Absoluteres, Mächtigeres tragen.

Wir sind nicht hier, um uns von den Glaubensgrundsätzen einer Gesellschaft versklaven zu lassen, die die niederen, negativen Aspekte der irdischen Persönlichkeit hervorkehrt. Wir müssen aufhören, unser Leben auf Schuld, Sorgen und Angst aufzubauen.

Es ist an der Zeit, uns wieder mit der Bedeutung Gottes vertraut zu machen und uns als spirituelle Wesen des Lichts und der Liebe zu verstehen.

Wir sind ein göttlicher Funke, und wir werden es immer sein. Dies dürfen wir nie vergessen. Unsere Heimat ist der Himmel, und auf die Erde kommen wir nur, um unsere Hausaufgaben zu machen. Die irdische Existenz ist etwas Vorübergehendes. Der Schlüssel zu einem glücklichen Leben liegt im Bewusstsein unseres spirituellen Erbes. Wer seinen Alltag bestreitet, ohne das Geistige aus dem Auge zu verlieren, widmet sein Leben der Wahrheit.

Der Körper ist nichts als eine Ansammlung von Knochen, Gewebe und Organen. Aus sich selbst heraus kann er nicht existieren. Erst die Seele haucht ihm Leben ein und erweckt ihn zum kreativen Ausdruck. Gewinnt unser spirituelles Selbst die Oberhand, eröffnet sich uns das Leben in seiner ganzen Fülle.

Um uns an der geistigen Welt ein Beispiel zu nehmen, müssen wir anfangen, für jeden Aspekt unseres Daseins die Verantwortung zu übernehmen. Wir und nur wir allein können etwas an unserer Art zu denken und zu handeln ändern. Ringen wir uns – und wenn es uns noch so schwierig erscheinen mag – zu positiven, auf inneres Wachstum ausgerichteten Entscheidungen durch, nehmen wir die Zügel unseres Lebens in die Hand. Dann sind wir unserem Schicksal nicht mehr hilflos ausgeliefert. Um zu erwachen und uns wieder mit unserer Seelenessenz zu verbinden, müssen wir unsere »spirituellen Muskeln« trainieren, und am besten gelingt dies mit Hilfe der Meditation.

Meditationsübungen

Bei Großveranstaltungen mit mehreren Hundert Zuhörern beginne ich meinen Vortrag oft mit folgender Einleitung: »Es tut mir Leid, aber ich werde weder levitierend über der Bühne schweben noch giftgrüne Erbsensuppe spucken. Sie werden mich nicht in fremden Zungen reden hören, noch werde ich irgendwelche Grunz- oder Stöhnlaute von mir geben. Sollten Sie derlei Darbietungen erwarten, empfehle ich Ihnen, ins Kino zu gehen oder sich ein Video auszuleihen.« Wenn ich dies so scherzhaft sage, liegt darin doch ein Körnchen Wahrheit. Seit vielen Jahren habe ich nun schon mit Menschen zu tun, die einen ausgeprägten spirituellen oder metaphysischen Background haben, und doch bin ich immer wieder überrascht, wie wenige es verstehen, wirklich in ihrem Körper zu sein. Nur allzu viele erkennen nicht, wie wichtig es ist, im Hier und Jetzt zu bleiben, während sie sich auf ihren Exkurs in die geistige Welt begeben. Spirituell zu sein heißt für sie offenbar, einen verklärten Blick zu haben oder in anderen Sphären zu schweben. Aber genau das Gegenteil ist der Fall. Wer »abhebt« und seinen Körper verlässt (ob bewusst oder unbewusst), öffnet energetischen Schwingungen jedweder Herkunft Tür und Tor und macht sich damit zur Zielscheibe von ausgerechnet jenen Elementen der niedersten Bewusstseinsstufe, die der Erde am nächsten sind. Erdgebundene Wesenheiten, von denen bereits an anderer Stelle die Rede war, versuchen immer wieder, in unser Energiefeld oder unseren Körper einzudringen.

Uns auf die geistige Welt auszurichten erfordert, in der Gegenwart – im Körper – zu bleiben und unseren materiellen Platz auf Erden zu behaupten. Wir müssen sozusagen das Lenkrad unseres Wagens fest im Griff haben.

Im Folgenden möchte ich Ihnen einige Übungen vorstellen, mit deren Hilfe Sie Ihre Gedanken und Emotionen beherrschen lernen. Sie tragen zur Reinigung und Stärkung der Aura bei und helfen Ihnen, sich wieder auf Ihre wahre Identität zu besinnen. Die beiden nachstehenden Techniken wurden in Anlehnung an die Arbeit meines Freundes Michael Tamura, eines hoch begabten Heilers und Metaphysikers, entwickelt. Denken Sie stets daran, dass alles eine Frage der Aufmerksamkeit ist. Wichtig ist immer das, worauf wir uns konzentrieren. Denken wir an etwas, erwecken wir es damit zum Leben. Ziehen Sie sich für Ihre Meditation an einen Ort zurück, an dem Sie nicht von äußeren Einflüssen wie dem Telefon, dem Anrufbeantworter oder der Türklingel abgelenkt werden. Am besten, Sie setzen sich bequem auf einen

Stuhl, mit aufrechtem Rücken, die Füße flach auf dem Boden. Diese Haltung hilft, die Chakren des Äther-Körpers auszurichten und für die höheren Schwingungen empfänglich zu machen.

Erdungsübung

Schließen Sie die Augen und wenden Sie Ihre Aufmerksamkeit Ihrem Körper zu. Horchen Sie in ihn hinein. Achten Sie auf jede seiner Bewegungen. Und nun konzentrieren Sie sich auf den Atem. Mit jedem Einatmen füllt sich Ihre Lunge mit neuer, regenerierender Lebenskraft, und mit jedem Ausatmen strömt alte, verbrauchte Energie aus ihr heraus. Nehmen Sie ein paar tiefe Atemzüge und genießen Sie jeden einzelnen. Wenn Sie ein paar Minuten lang tief geatmet haben, dann wenden Sie Ihre Aufmerksamkeit wieder Ihrem Körper zu. Machen Sie sich ihn ganz und gar bewusst. Spüren Sie in jeden einzelnen Körperteil hinein – erst die Füße, dann die Beine, die Hüften, der Po, das Becken, der Bauch, die Brust, der Rücken, die Hände, die Arme, die Schultern und der Nacken bis hin zum Kopf. Stellen Sie sich vor, je eine Schnur sei locker um jedes Ihrer Fußgelenke gebunden. Und nun führen Sie diese beiden Schnüre bis tief in den Mittelpunkt der Erde hinein. Stellen Sie sich dort in der Tiefe zwei große Gesteinsbrocken vor, und an jeden dieser Felsen binden Sie nun eine der beiden Schnüre fest. Jetzt binden Sie eine weitere Schnur an Ihrem Kreuzbein fest und führen auch sie zum Mittelpunkt der Erde hinein. Suchen Sie sich einen neuen Gesteinsbrocken, der Ihnen gefällt, und binden Sie die Schnur daran fest.

Und dann visualisieren Sie die Energie von Mutter Erde.

Sie könnte grün oder braun sein, ganz wie es für Sie stimmig ist. Nun sehen Sie, wie diese Energie über die Schnüre von den Gesteinsbrocken tief in der Erde zu Ihren Fußgelenken hin aufsteigt und diese umströmt. Sie fließt weiter nach oben, in die Beine und den Bauch hinauf bis hin in Ihr Herz. Sie sind jetzt ganz von dieser Energie erfüllt. Sie fühlen sich geerdet, zentriert und fest auf dem Boden verankert. Es ist wichtig, dieses in Ihnen zirkulierende energetische Grundpotenzial zu spüren. Als Nächstes gilt es, sich mit der kosmischen Energie zu verbinden.

Stellen Sie sich etwa eine Handbreit über Ihrem Kopf einen weiß-goldenen Lichtstrahl vor. Dies ist das kosmische Licht oder Licht Christi. Stellen Sie sich vor, wie sich dieses Licht nun durch Ihre Schädeldecke hindurch in Ihren Kopf ergießt und dann weiter über den Nacken und die Schultern bis in den Brustbereich hineinfließt. Und wenn es dann in Ihr Herz strömt, vermischt es sich dort mit der Erdenergie, und es entsteht eine neue, sehr viel stärkere, stabilisierende Kraft. Zum Abschluss visualisieren Sie, wie diese neu entstandene Energie an der Wirbelsäule entlang durch den Kopf bis über die Schädeldecke hinaufsteigt und sich dann wie ein überfließender Springbrunnen von Energie in Kaskaden über Ihren Körper ergießt.

Stellen Sie sich diesen Zusammenfluss der Energien wieder und wieder vor. Auf diese Weise erreichen Sie, dass das Energiesystem Ihres Körpers von neuer Kraft durchflutet wird. Nach dieser Meditationsübung werden Sie sehr viel achtsamer und bewusster mit Ihrer spirituellen Arbeit fortfahren können.

Schutzübung

Wir leben in einer Welt, in der wir permanent den Gedanken- und Gefühlsimpulsen anderer ausgesetzt sind, und so müssen wir uns vor negativen Einflüssen schützen, die tagein, tagaus an uns herandringen. Dies ist besonders wichtig für jene unter uns, die aufgrund ihrer besonderen Feinfühligkeit die Energien anderer wie ein Schwamm aufsaugen. Wenngleich sich die Energien und Gedankenformen anderer nicht völlig aus der Welt schaffen lassen, ist die nachfolgende Technik ein effizientes Mittel, um die eigene Aura und das eigene Bewusstsein weitgehend gegen ihr Eindringen zu schützen.

Stimmen Sie sich wie zuvor beschrieben auf die Übung ein: Setzen Sie sich mit aufrechtem Rücken auf einen Stuhl, beobachten Sie Ihren Atem und führen Sie die komplette Erdungsübung durch, um Ihre Aura zu stärken.

Nachdem Sie Ihr Energiefeld aufgeladen haben, stellen Sie sich einen winzigen Staubsauger vor – so klein, dass er auf Ihrer Handfläche Platz findet. Wie er aussieht, bleibt ganz Ihrer Fantasie überlassen. Und nun richten Sie Ihre Aufmerksamkeit auf den Bereich oberhalb Ihres Kopfes. Achten Sie darauf, welche Bilder dabei vor Ihrem geistigen Auge auftauchen. Sehen Sie die Gesichter anderer Menschen? Steigen in Ihnen Emotionen auf, die Sie nicht zuordnen können oder die nichts mit Ihnen zu tun haben? Schalten Sie Ihren Staubsauger ein und saugen Sie diese Bilder und Gefühle damit weg. Wenn Sie möchten, können Sie sich vorstellen, wie sie durch den Schlauch hindurch in den Bauch der Maschine hineinwandern. Ist der Staubsaugerbeutel voll, lassen Sie ihn wie eine Seifenblase zerplatzen und schicken Sie die Energien im Geleit liebevoller Gedanken an ihren Absender zurück. Setzen Sie einen neuen Staubsaugerbeutel ein, und fahren Sie mit der Reinigung Ihres Energiefeldes fort. Reinigen Sie es überall. Saugen Sie fremde Bilder und Gefühle in der Aura vor Ihnen, hinter Ihnen, an den Seiten, über und unter Ihnen ab. Visualisieren Sie so viele neue Staubsaugerbeutel, wie Sie brauchen. Manchmal reicht ein einziger, ein andermal brauchen Sie ganz viele. Setzen Sie die Reinigungsaktion so lange fort, bis Sie sich sehr viel leichter und glücklicher fühlen.

Nachdem Sie sämtliche fremden Energien entfernt haben, ist es Zeit, sich wieder Ihren eigenen zuzuwenden. Stellen Sie sich alle Orte vor, an denen Sie sich in den vergangenen vierundzwanzig Stunden aufgehalten haben.

Wo ist Ihre Energie geblieben? Vielleicht haben Sie mit jemandem telefoniert und sie dort verausgabt? Oder vielleicht war es bei der Arbeit, in der Schule, in einem Geschäft? Erinnern Sie sich an all die Orte, an denen Sie Spuren Ihrer Energie zurückgelassen haben. Lassen Sie die Situationen und die darin vorkommenden Menschen noch einmal Revue passieren und holen Sie sich Ihre Energie zurück. Ziehen Sie sie wieder in Ihre Aura hinein. Lassen Sie sie oben durch Ihren Kopf hindurch in Ihren Körper zurückfließen und an der Wirbelsäule entlang nach unten strömen. Sie fühlt sich an wie Sternenstaub. Spüren Sie, wie Ihre eigene Energie Sie erfüllt.

Es ist ein herrliches Gefühl, all die Kraft zurückzubekommen, die Sie so großzügig verausgabt haben. Und wenn Sie dann spüren, dass Sie all Ihre Energien wieder bei sich haben, ist es an der Zeit, dass Sie einen Schutzwall rings um sich herumziehen.

Sie können dies auf verschiedene Weise tun. Entweder Sie stellen sich einen wie auch immer gearteten Mantel in der Farbe Ihrer Wahl vor. Oder Sie visualisieren eine gläserne Kuppel oder auch ein Häuschen aus Stein mit einem gläsernen Dach. Derart solide Wände sind weniger durchlässig für Gedanken und Energien. Viele hüllen sich auch in weißes Licht, das ebenfalls zuverlässigen Schutz bietet. Aber wenn Sie eine dieser Techniken anwenden, dann denken Sie immer daran: Was draußen ist, bleibt draußen und was drinnen ist, bleibt drinnen. Stellen Sie also sicher, dass Sie vor der Errichtung Ihres Licht- und Schutzwalls Ihre Aura sorgfältig von allen Fremdenergien befreit haben. Vielfach werden auch Symbole wie das Kreuz oder der sechszackige Stern zu Schutzzwecken eingesetzt. Bedenken Sie, dass Sie Ihren Gedanken allein dadurch Leben einhauchen, dass Sie sich auf sie konzentrieren. Ihre Absicht ist der eigentliche Schutz. Symbole sind lediglich Hilfsmittel zu deren Verstärkung.

Das eigene Licht zum Leuchten bringen

Das Licht zu erkennen, aus dem wir gemacht sind, ist die unabdingbare Vorrausetzung für ein erfülltes Leben in der physischen Welt. Die folgende simple Technik gebe ich Menschen anhand, die den Kontakt zu ihrem inneren Licht verloren haben und glauben, das Leben hätte ihnen nichts mehr zu bieten. Wenn sie eine Weile damit gearbeitet haben, berichten sie davon, wie sich ihr Leben und ihre innere Einstellung gewandelt und sie eine positivere Grundhaltung gewonnen haben. Es ist mir eine Freude, auch Sie daran teilhaben lassen zu können.

Führen Sie zur Vorbereitung die beiden oben beschriebenen Übungen durch. Nachdem Sie geerdet sind und sich geschützt haben, dürfte Ihr Geist offen und achtsam sein für das, was kommt.

Stellen Sie sich vor, wie Sie inmitten eines ganz nach Ihren Vorstellungen gestalteten Gartens sitzen. Lassen Sie ihn genau so entstehen, wie Sie ihn gerne haben möchten. Vielleicht wachsen allerhand verschiedene bunte Blumen und Bäume darin. Sie können auch einen See entstehen lassen und Bänke an seinem Ufer. Malen Sie sich das Bild so aus, wie es Ihren Wünschen entspricht. Jeder Mensch ist anders. Der eine mag lieber Rosen, der andere Flieder. Es kommt nicht darauf an, Hauptsache, der Garten ist genau so, wie Sie ihn gern hätten.

Irgendwo hinten in Ihrem Garten steht ein Baum. Aus seinen Ästen hängt ein Spiegel herab. Gehen Sie dorthin und betrachten Sie sich darin. Schauen Sie tiefer in den Spiegel hinein. Blicken Sie durch seine Oberfläche hindurch. Tauchen Sie in das Spiegelbild ein. Und wie Sie mit Ihrem Spiegelbild verschmelzen, sehen Sie sich genau so, wie Sie im Augenblick sind. Sehen Sie sich Ihr Gesicht und Ihren Körper an. Achten Sie auf jedes Detail. Während Sie Ihr Spiegelbild betrachten, denken Sie einmal an all die Erwartungen, die andere in Sie setzen. Schauen Sie sich die Lebensbereiche an, in denen Sie auf Vergebung anderer angewiesen sind. Und denken Sie an all jene, denen Sie vergeben sollten. Lassen Sie all die Situationen Revue passieren, die Schuldgefühle in Ihnen auslösen.

Und nun lassen Sie die Liebe ihre Wirkung tun. Stellen Sie sich all diese Menschen und Situationen vor, und hüllen Sie sie in Ihre Liebe ein. Visualisieren Sie, wie das rosa Licht der Liebe aus Ihrem Herzen dringt und alles und jeden berührt.

Lassen Sie es zu, dass dieses Licht auch Sie selbst durch und durch erfüllt. Sie sind Liebe. Aus Liebe sind Sie gemacht.

Und nun treten Sie von dem Spiegel zurück und sehen sich in Ihrem Garten stehen. Die Blumen leuchten viel bunter und größer, und ringsum erschallt fröhliches Vogelgezwitscher. Der Himmel ist in die Farben des Herzens getaucht. Sie sind ein von Liebe getragenes spirituelles Wesen und wissen, dass Sie sich genau das Leben erschaffen können, das Sie sich wünschen. Schauen Sie die Sonne an und betrachten Sie sie als ein Spiegelbild Ihrer selbst. Sie sind das Licht. Nachdem Sie dies jetzt erkannt haben, können Sie es nie wieder verdrängen, denn das Licht muss scheinen und jeden berühren, auf den es trifft.

14

Wie wir unsere Kinder führen

Und ich baute einen Stall auf dem Land,
Und ich färbte das Wasser klar,
Und ich schrieb meine fröhlichen Lieder,
Den Kindern eine Freude zu machen.

WILLIAM BLAKE,
Einleitung von *Songs of Innocence*
(»Lieder der Unschuld«)

Eine der allerbesten Möglichkeiten, unsere Welt zu verändern, ist, unsere Kinder zu innerem Wachstum zu führen und ihren Horizont zu erweitern. Als Geistwesen werden wir in eine Familie hineingeboren, mit denen uns die verschiedensten karmischen Bande verbinden. Die einzelnen Mitglieder dieser Familie haben sich gegenseitig als Teil ihres jeweiligen Lebensplans ausgewählt. Nach und nach schlüpfen wir mal in die Rolle des Vaters, der Mutter, der Schwester, des Bruders, der Tochter, des Sohnes, der Tante, des Onkels und so weiter. Und wenn alle Spieler auf ihrem Platz stehen, kann das Spiel beginnen.

In unserer toxischen Welt Kinder großzuziehen ist ein äußerst schwieriges Unterfangen. Mehr als je zuvor sind Kinder den Einflüssen von Gewalt, Drogen und Sex ausgesetzt. Die Werte scheinen Amok zu laufen. Aber in eben dieser Zeit, in der alles außer Kontrolle zu geraten droht, eröffnen sich uns gleichzeitig unglaubliche Entwicklungs- und Wachstumsmöglichkeiten. Kinder können ihre geistigen Fähigkeiten sehr viel schneller als je zuvor entfalten. Dementsprechend wachsen intelligentere, wachere Wesen heran, um die Zukunft zu meistern. Wer sich dazu entschließt, ein Kind in die Welt zu setzen, übernimmt damit nicht nur die Verpflichtung, für dessen physisches Wohlbefinden zu sorgen, sondern es auch spirituell und emotional zu fördern. Auf diesen Ebenen ist ein Baby überaus sensibel und nimmt wie ein Schwamm sämtliche Eindrücke aus seiner Umgebung auf.

Eltern müssen darum zu einem verantwortlichen Umgang auch mit ihren eigenen Gefühlen und Gedanken finden, da diese Energien die Psyche des Kindes direkt beeinflussen. Die von ihnen ausgehende Konditionierung trägt das Kind wie ein Gepäckstück auf dem Weg zum Erwachsenwerden mit sich herum. Wie vielen von uns klingen immer noch die Aussprüche der Eltern in den Ohren, auch wenn diese meilenweit entfernt wohnen oder gar verstorben sind? Auf Grund der besonderen Beziehung, die uns mit unseren Kindern verbindet, haben wir die Pflicht, ihnen Würde, Werte und das Setzen von Prioritäten beizubringen und am eigenen Beispiel vorzuleben.

Ich habe auf vielfache Weise mit Kindern gearbeitet – als Jugendbetreuer im Ferienlager ebenso wie als Lehrer und Spiritist; und ich bin im Laufe der Jahre immer wieder auf ein und dieselbe Erkenntnis gestoßen: dass Kinder ihre Eltern nachahmen. Sie wiederholen die Worte und Taten von Mutter und Vater. In meinen Readings erweist es sich vielfach, dass Gefühle der Unsicherheit, der Wertlosigkeit und des Misstrauens aus der Erziehung herrühren. In solchen Fällen haben die Eltern ihre Verantwortung nicht erfüllt.

Im Folgenden möchte ich Ihnen einige Regeln anhand geben, die zur Erziehung eines Kindes in einem spirituell bereichernden Umfeld beitragen mögen. Wenngleich ich mich damit in erster Linie an Eltern wende, so bin ich doch überzeugt, dass wir alle uns daran halten sollten, ob wir nun Großeltern, Tante, Onkel, Lehrer, Priester, Babysitter oder auch nur Nachbarn sind.

1. Das Selbstwertgefühl stärken

Ich kann gar nicht genug darauf hinweisen, wie wichtig die Stärkung des Selbstwertgefühls ist. In neun von zehn Readings, in denen es um Selbstmord, Drogen- oder Alkoholsucht ging, waren die Ursachen in einem Mangel an Selbstbewusstsein und Selbstliebe zu suchen. Welche anderen Orientierungsmöglichkeiten könnte ein Kind haben, wenn nicht die Taten und Worte der Erwachsenen, mit denen es tagtäglich zu tun hat? Woher sollen unsere Kinder wissen, wer sie sind? Was sagen wir ihnen, wie denken wir über sie, wie verhalten wir uns ihnen gegenüber? Gehen wir liebevoll mit ihnen um, oder werten wir sie ab? Fördern oder unterdrücken wir die Entwicklung ihrer Instinkte? Kann ein Kind in seinem Elternhaus nicht auf Verständnis und Mitgefühl bauen, wird es sich Zuwendung bei jemand oder etwas anderem suchen, so viel steht fest. Es wird sich dem Fernsehen, dem Kino und seinen Freunden zuwenden, um ein Gefühl von Individualität und Sicherheit zu bekommen. Ist es aber auf äußere, illusionäre Einflüsse angewiesen, um zu einer eigenen Identität zu finden, wird es zwangsläufig Enttäuschungen erleben. Aber nicht nur das: Gleichzeitig wird es materialistisch geprägte Einstellungen und Werte entwickeln. Unter dem Druck der Gleichaltrigen wird es bestimmte Verhaltensweisen ausagieren, um die Akzeptanz und Wertschätzung der Gruppe zu erringen.

Ich rate Eltern und Verwandten, ihren Kindern so viel Zuwendung und Rückhalt zu geben wie irgend möglich. Wir müssen ihnen unsere Liebe zeigen. Solange sie Babys sind, halten wir sie im Arm, streicheln sie und lächeln sie an. Vergessen wir nicht, sie auch dann noch ab und zu in den Arm zu nehmen und ihnen zu sagen, wie gern wir sie haben, wenn sie größer geworden sind – besonders wenn sie zur Schule oder zu sonstigen Aktivitäten aufbrechen oder sich auf den Weg zu gemeinsamen Unternehmungen mit ihren Freunden machen. Lob, Verständnis, Lachen und Liebe lassen ein Kind zu einer erfinderischen, ganzheitlichen Persönlichkeit heranreifen. Stellen wir sicher, dass wir für die junge Generation ein Quell der Erleuchtung und Führung sind.

2. Das eigene Kind kennen lernen

Versuchen Sie, so viel Anteil am Leben Ihres Kindes zu nehmen, wie irgend möglich. Ist es von einer bestimmten Musikform begeistert, dann zeigen Sie daran Interesse, auch wenn sie nicht unbedingt Ihr Fall ist. Nehmen Sie sich auch unter der Woche Zeit für gemeinsame Unternehmungen. Achten Sie auf die Stimmungen und das Verhalten Ihres Kindes. Eltern sollten aufmerksam genug sein, um zu merken, wenn ihr Kind ein Problem hat. Nur allzu oft geben Eltern zu, einfach nicht genug aufgepasst zu haben, wenn ihr Nachwuchs in Schwierigkeiten geraten ist. Sie waren zu beschäftigt oder zu gleichgültig, um Änderungen im Verhalten ihres Kindes rechtzeitig zu bemerken. Seien Sie wachsam, vertrauen Sie auf Ihre Intuition und vor allem: Reden Sie mit Ihrem Kind. Helfen Sie ihm, seine Probleme zu lösen. Das vermittelt ein Gefühl der Nähe und schafft gleichzeitig eine Atmosphäre des Vertrauens.

3. Der beste Freund sein

Freunde sind immer für einen da, wenn es darum geht zu helfen oder einen Ausweg zu suchen. Mit Freunden kann man über alles reden. Sie als Eltern kennen Ihr Kind hoffentlich gut genug, um sein bester Freund zu sein. Wenn Sie mit ihm sprechen, dann tun Sie es in einer seinem Alter gemäßen Form, aber vergessen Sie dabei nie Ihre Stellung als Vater oder Mutter. Helfen Sie ihm bei der Wahl seiner Freunde, ohne zu werten oder zu verurteilen. Stärken Sie das Vertrauen und die Bindung, die durch den Geburtsvorgang entstanden ist.

4. Selbstrespekt und Verantwortungsbewusstsein lehren

Dies geht Hand in Hand mit der Vermittlung von Selbstvertrauen und -bewusstsein. Kinder müssen lernen, Verantwortung zu übernehmen, und die beste Möglichkeit, es ihnen beizubringen, ist es ihnen vorzuleben. Übernehmen Sie selbst die Verantwortung für Ihre Handlungen oder schieben Sie, wenn etwas schief geht, die Schuld immer sofort auf etwas oder jemand anderes?

In unserem Kulturkreis ist die Zahl der Rechtsstreitigkeiten derart in die Höhe geschnellt, dass ich mich manchmal frage, ob überhaupt noch irgendwer die Verantwortung für sein Tun übernimmt. Kinder brauchen sanfte Führung, um zu einem angemessenen, vernünftigen Umgang mit sich selbst und anderen zu gelangen. Helfen wir ihnen, anstehende Entscheidungen zu treffen, indem wir ihnen vor Augen führen, mit welchen Konsequenzen jeweils zu rechnen ist – den positiven wie den negativen. Unsere Kinder nehmen alles auf, was an sie herangetragen wird – besonders das, was sie im Fernsehen sehen. Um Ihrem Kind Verantwortungsbewusstsein beizubringen, übertragen Sie ihm zunächst kleinere Aufgaben. Sind diese erledigt, würdigen Sie das Ergebnis und sparen Sie im Erfolgsfall nicht mit Lob. Und wenn einmal etwas schief gegangen ist, dann besprechen Sie das Ganze auf liebevolle Weise, so dass Ihr Kind aus dem Misserfolg lernen kann.

5. Offen und spirituell achtsam sein

Die besten Eltern, so habe ich immer wieder festgestellt, sind jene, die einen breiten Horizont und vielseitige Interessen haben, denn sie verfügen auch in der Kindererziehung über den größeren Weitblick. Es ist wichtig, dass Eltern mit ihren Kindern darüber sprechen, welche Erfahrungen sie in ihrem eigenen Wachstumsprozess gemacht haben und welche Schlüsse sie daraus ziehen.

Das spirituelle Leben von Kindern wird nur allzu oft mit Nichtbeachtung gestraft, wenn nicht negiert. Behalten wir bei der Erziehung stets im Auge, dass wir es mit spirituellen Geschöpfen zu tun haben, die Lernaufgaben hin zu größerer Selbst-Bewusstheit zu bewältigen haben. Erzählt Ihnen Ihr Kind von Visionen, Träumen oder den Besuchen »unsichtbarer« Freunde, dann sagen Sie bitte nicht achselzuckend: »Das sind doch alles nur Träume!« Visionen und Träume müssen genährt und nutzbar gemacht werden. Bitten Sie Ihr Kind, Ihnen seine Träume zu erzählen, selbst wenn Sie sie nicht zu deuten wissen. Sie werden überrascht sein, wie viel sie bei aufmerksamem Zuhören verraten. Kinder sind extrem sensitiv und hellsichtig. Das oberste Gebot lautet: Verunglimpfen oder behindern Sie niemals irgendwelche diesbezüglichen Bestrebungen Ihres Kindes.

6. Vergessen Sie nicht: Ihr Kind beobachtet Sie!

Wenn Kinder lernen, so tun sie dies in allererster Linie anhand des Beispiels anderer. Mit anderen Worten: Sie lehren durch die Art, wie *Sie* selbst leben. Kinder sind begnadete Nachahmer. Sie müssen sich selbst mit Liebe und Respekt begegnen, wenn Sie möchten, dass Ihr Kind es ebenfalls tut. Sie sind sein Spiegel für die äußere Welt, und Sie müssen ihm die Tugenden und Prinzipien vorleben, die es für sich selbst entfalten soll. Wenn Sie dem Alkohol frönen und Drogen nehmen, brauchen Sie sich nicht zu wundern, wenn Ihr Kind es auch tut. Wenn Sie schimpfen und fluchen, wird Ihr Kind Ihnen auch das nachmachen. Und wenn Sie sich ständig mit Selbstvorwürfen quälen, dauernd niedergeschlagen sind, der Arbeitssucht oder dem Kaufrausch verfallen und in Ihrer Hetzjagd nach materiellen Gütern kaum Zeit zur spirituellen Entfaltung haben, dann wird auch in dieser Hinsicht der Apfel nicht weit vom Stamm fallen. Wenn Eltern eines sagen und etwas anderes tun, ist das für die Kinder zunächst bloß verunsichernd. Auf Dauer aber werden sie das Vertrauen zu ihren Eltern verlieren.

7. Kinder zu Selbstverantwortung und Eigenständigkeit führen

Eines der ersten Dinge, die Kinder lernen müssen, ist, dass sie in einer unvollkommenen Welt leben. Wenngleich das Leben aus unserer menschlichen Warte nicht immer fair erscheinen mag, hat doch alles vom spirituellen Standpunkt aus einen tieferen Sinn. Ermutigen Sie Ihr Kind, seinen freien Willen zu nutzen, um zu ändern, was ihm nicht gefällt, und sein Leben dadurch lebenswerter zu machen. Aber bringen Sie ihm gleichzeitig bei, dass es sich – so wie jeder von uns – von innen heraus aus dem eigenen Gottesbewusstsein ändern muss. Legen Sie ihm die Schlüssel zu einem spirituell glücklichen und erfüllenden Leben in die Hand.

8. Die Individualität zelebrieren

Wecken Sie in Ihrem Kind von Anfang an die Überzeugung, dass es anders ist als jeder andere Mensch auf diesem Planeten. Kinder kommen mit einer ureigenen Weisheit und ganz persönlichen, gottgegebenen Begabungen zur Welt. Dies unterscheidet sie nicht nur von allen anderen, sondern zwingt sie zudem dazu, die Welt von ihrem einzigartigen Standpunkt aus zu betrachten. Es mag Ihnen gelingen, die eine oder andere Verhaltensweise zu beeinflussen, aber Ihr Kind genau nach Ihren Vorstellungen formen und zurechtbiegen können Sie nicht. Vergleichen Sie es nie mit anderen Kindern, denn daran könnte es seelisch zerbrechen.

Gehen Sie mit Ihrem Kind so sorgsam um wie mit einer Blume oder Pflanze. Den Samen des »Selbst« trägt es in sich, doch er muss gehegt und gepflegt, gedüngt und gewässert werden. Sehen Sie doch, wie die Pflanze aufblüht, sobald Sie ihre Schönheit und Lebendigkeit würdigen! Feiern Sie die Gotteskraft, die in uns allen steckt! Mit ein wenig Geduld, Spaß und Ermunterung wird sich auch Ihr Kind prachtvoll entfalten.

Um das Selbstwertgefühl Ihres Kindes zu stärken, lassen Sie es wissen, welch einzigartiges Geschöpf Gottes es ist. Preisen und zelebrieren Sie seine Individualität, und freuen Sie sich, dass es da ist.

15

Schlüssel zum höheren Leben

> Das Leben bedeutender Persönlichkeiten lehrt uns,
> dass wir alle über uns hinauswachsen und beim
> Abschiednehmen von diesem Leben Fußspuren im
> Sand der Zeit hinterlassen können.
>
> HENRY WADSWORTH LONGFELLOW,
> *Resignation*

Ein jeder von uns besitzt jenen spirituellen Schatz, den wir brauchen, um ein erfülltes, produktives und glückliches Leben zu führen – eben die Ideale, die uns helfen, einen höheren Bewusstseinszustand zu erreichen. Werden wir ihrer gewahr, wird es uns an nichts mehr fehlen, denn Gott ist die Personifizierung der Fülle. Der Himmel verfügt über ein unbegrenztes Reservoir an Liebe und Reichtum, aus dem wir hier auf der Erde schöpfen können.

Gesegnet sind wir, denn der Geist ist immer und in allem gegenwärtig – jener innere Geist, der jederzeit alle Wünsche und Bedürfnisse erfüllt. Wie wir uns Zugang dazu verschaffen, bleibt einem jeden von uns selbst überlassen. Was wir säen, das ernten wir. Bedenken wir, dass wir uns allzeit in einem unsichtbaren Gedankenmeer bewegen. Gott gibt uns stets das, worum wir ihn mental bitten. Kreisen unsere Gedanken um Armut und Krankheit, ziehen wir diese Zustandsformen auch an. Erheben wir unsere Gedanken hingegen auf eine höhere Schwingungsebene, werden wir Harmonie und Fülle ernten. Dies ist ein unumstößliches universelles Gesetz.

Liegt es in der Natur des Menschen, in absoluter Harmonie und Fülle zu leben? Ja! Wer anders lebt, muss seine Gedanken prüfen, um zu sehen, warum er aus dieser natürlichen Ordnung herausgefallen ist. Es liegt an uns, möglichst positiv zu denken, um uns selbst und unseren Mitmenschen – ob nahe stehenden oder fremden – zu helfen.

Die äußere Welt ist nichts als eine Reflexion der Welt, die wir uns in unserem Inneren erschaffen haben

Wir erschaffen uns unsere Lebensumstände selbst. Haben wir dies erst einmal verstanden, werden wir nie wieder zum Opfer der Umstände. Im Folgenden möchte ich Ihnen die Schlüssel anhand geben, mit deren Hilfe Sie Ihre Gedanken auf eine höhere Schwingungsebene heben können. Ich nutze sie selbst seit Jahren, und sie haben mir zu wertvollen Erkenntnissen über mich selbst verholfen. Ich hoffe, dass auch Sie mit ihnen umzugehen lernen und sie in Ihr Leben integrieren werden, auf dass sich das Schatzkästlein in Ihrem Inneren öffnen möge.

Neun Schlüssel zum höheren Leben
Geduld

Geduld ist zu einer seltenen Tugend geworden. Jeder will immer alles sofort! Aggressives, impulsives Verhalten genießt vor allem im Geschäftsleben, im Sport und in der Unterhaltungsbranche einen hohen Stellenwert. Aber es fehlt uns sozusagen das »spirituelle Vehikel«, um etwas in unserem Leben zu bewirken. Alles wird uns zu seiner Zeit gegeben. Das heißt nicht, dass wir apathisch abwarten oder sich ergebende Chancen ausschlagen sollten. Ganz im Gegenteil! Wer geduldig ist, hat sämtliche Fäden in der Hand. Er entscheidet selbst, wann er handeln will und wann nicht, um alle ihm zur Verfügung stehenden Möglichkeiten optimal auszuschöpfen. Geduld bedeutet, sich selbst zu kontrollieren, um mit den eigenen Energien Haus zu halten. Und die gesparte Kraft können wir nutzen, um die Dinge zu tun, von denen wir wirklich profitieren. Ich rate meinen Schülern immer zu meditieren, bevor sie handeln, um dem Geist Gelegenheit zu geben, ihnen Führung und Wissen zu vermitteln.

Agieren oder reagieren wir mit Ungeduld, können wir uns damit erheblichen Schaden zufügen. Manchmal ist es das Beste, die Hände in den Schoß zu legen und die Situation ohne unser Zutun reifen und sich entwickeln zu lassen. In dem Maße, wie wir lernen, uns in Geduld zu üben, kommt uns unser Leben weniger stressig und bedrohlich vor, und wir können anstehende Entscheidungen sehr viel bewusster treffen.

Weisheit

Weisheit bedeutet zu wissen, dass wir das Gottesbewusstsein in uns tragen und uns all die Liebe, das Licht und die Kraft der Unendlichkeit zur Verfügung stehen. Um weise zu sein, müssen wir uns die Gesetze des Universums bewusst machen und unser Leben nach ihnen ausrichten. Weisheit lässt sich nicht aus Büchern beziehen. Sie wächst durch die im Laufe der Lebensspannen gesammelten Erfahrungen in uns heran. All unsere Erlebnisse sind in unserem Seelenbewusstsein gespeichert, um während der irdischen Existenz vervollkommnet zu werden. Die Ironie des Schicksals will es, dass wir mit zunehmender Weisheit immer deutlicher erkennen, wie wenig wir eigentlich wissen.

Mut

Um mutig zu sein, müssen wir an uns selbst glauben. Wohl bemerkt nicht im Sinne einer egoistischen Haltung: Wir müssen um die Kraft wissen, die in uns steckt.

Der Mutige hat seinen Blick auf den größeren Zusammenhang gerichtet und weiß um den göttlichen Plan. Mit Zuversicht und Beharrlichkeit kann es jedem von uns gelingen, den Mut aufzubringen, die innere Stimme zu hören und ihr zu folgen. Mutig zu sein, birgt die Bereitschaft, anderen Zugang zu seinem Herzen zu gewähren und sich gegenüber den unvorhersehbaren Wendungen des Lebens verletzlich zu zeigen.

Mut ermöglicht es uns, auf Hindernisse zuzugehen in dem Wissen, dass uns stets unzählige Möglichkeiten offen stehen. Er schenkt uns das Vertrauen, das wir brauchen, um ungeachtet aller Widrigkeiten der Stimme unseres Herzens zu folgen.

Ausgewogenheit

Ausgewogenheit ist eine weitere Tugend, die vielen Menschen in unserer heutigen schnelllebigen Zeit abhanden gekommen zu sein scheint. Es ist offenbar um so vieles leichter, die niedere Natur in uns Oberhand gewinnen zu lassen. Um Ausgewogenheit in unser Dasein zu bringen, müssen wir ein harmonisches Gleichgewicht zwischen unserem materiell-irdischen und unserem spirituellen Selbst herstellen. Alles Extreme – ob nun im emotionalen, mentalen, spirituellen oder physischen Bereich – schwächt uns, statt uns zu stärken. Ist unser Leben an irgendeiner Stelle aus dem Gleichgewicht geraten, neigen wir dazu, aus Angst statt aus Liebe zu handeln.

Unterscheidungsvermögen

In unserer heutigen Welt bedarf es eines klaren Unterscheidungsvermögens, um den Wahrheitsgehalt von allem zu erkennen. Allzu viele Menschen verfangen sich in Gedanken und Gefühlen des Massenbewusstseins und können vor lauter Bäumen den Wald nicht mehr sehen. Wer vorschnell mit Kritik und Verurteilungen bei der Hand ist, ohne alle Fakten zu kennen, wird nur wenig lernen. Ich rate Ihnen, sich im Umgang mit Menschen und Situationen nicht von Oberflächlichkeiten leiten zu lassen, sondern stets hinter die Fassade zu schauen. Nur so wissen Sie, ob eine Sache im Kern auch eine spirituelle Bedeutung hat.

Glaube

Wir alle haben schon einmal gehört, dass man den Glauben bewahren solle. Nun ist der Glaube aber etwas Flüchtiges, schwer Fassbares. Auch hinter diesem Begriff verbirgt sich die Gewissheit, dass wir immer all das haben werden, was wir uns wünschen und brauchen. Glaube ist das unverbrüchliche Vertrauen auf das unsichtbare Wesen des Universums. Er geht Hand in Hand mit dem Vertrauen. Wer an sich selbst und an Gott glaubt, weiß, dass er geschützt und geliebt und niemals allein ist. Wer an die eigene spirituelle Natur glaubt, weiß, dass mit Hilfe kreativen Denkens alles möglich ist. Lernen Sie, dem Licht Ihrer Seele zu glauben und zu vertrauen.

Kreativität

Kreativität ist die Fähigkeit, Ideen, Gefühle und Ausdrucksformen hervorzubringen, die die physische Welt auf die eine oder andere Weise verändern können. Sie ist ein Bestandteil des göttlichen Lichts, aus dem wir alle erschaffen sind und nicht nur den Künstlern, Musikern oder Schriftstellern vorbehalten. Darum sind wir alle kreativ und können diese göttliche Energie in allem nutzen, um uns das Leben leichter zu machen. Wann immer wir uns einem Problem gegenübersehen – sei es in unseren Beziehungen, in der Familie, im Beruf, in Gelddingen oder in jedem anderen Bereich unseres Lebens – können wir dank des uns mit in die Wiege gelegten kreativen Funkens zu einer Lösung finden. Gott ist ein sprudelnder Quell an Ideen und Ausdrucksformen. Es gibt immer eine Möglichkeit, um uns unsere Bürde zu erleichtern.

Kreativität ist eine Leben spendende Kraft. Sie löst Energieblockaden in unseren verschiedenen Körpern auf und hilft uns, unser Leben ins Gleichgewicht zu bringen. Setzen wir unsere Kreativität ein, greifen wir damit auf die allerhöchste Manifestation der Gotteskraft zu – besonders dann, wenn wir sie zum größtmöglichen Wohle der Menschheit nutzen.

Freude und Lachen

Offenbar setzen wir Spiritualität mit Strenge gleich. Doch geistige Disziplin zu üben, heißt nicht, dass wir ein ernstes Leben führen müssten. Menschen mit Sinn für Humor, so scheint es mir, haben nicht nur selbst viel mehr Spaß, sondern sind auch in der Lage, anderen mehr Freude zu bereiten. Das Dasein von der lichteren, leichteren Seite her zu sehen, hilft das Kind in unserem Inneren lebendig und bei Laune zu halten. Wenn wir ein von Gott erfülltes Leben führen, ist es nur natürlich, wenn wir uns freuen, lachen, begeistert und glücklich sind.

Wie können wir nur der grobstofflichen, profanen, materiellen Welt so viel Bedeutung beimessen? Vergessen wir nicht, dass unser Geistkörper etwas Leichtes, Schwebendes ist; nur unsere physische Existenz ist schwer und gebunden. Warum lassen wir uns von vorübergehenden irdischen Bedingungen herabziehen? Wenn wir den Humor und die Wonne der göttlichen Welt entdecken, erleben wir die Freuden des Geistes.

Liebe

Liebe ist das vitale Element des Lebens. Sie vereint alles, zieht alles Gute an und zu uns hin. Durch sie wächst unsere Achtsamkeit und Aufgeschlossenheit für die Bedürfnisse der Menschheit. Sie lässt uns das Einssein, das Gemeinsame und den göttlichen Funken in jedem Menschen erkennen – in unseren Familienmitgliedern ebenso wie in unseren Freunden und Kollegen. Wir können sie lieben, selbst wenn sie aus unserer Sicht einen Fehler gemacht haben. Wir können für sie da sein. So stellen wir unsere Liebe unter Beweis.

Ich habe oft gesagt, dass *gut* von *Gott* kommt. Liebe ist das, was dem Himmel auf Erden am nächsten kommt. Sie bringt uns Gott nahe. Diese göttliche, tröstende, heilende Kraft ist die Ursubstanz für alles Irdische. Ohne Liebe haben wir nichts. Ohne sie hören wir auf zu existieren.

Der spirituelle Weg ist nicht immer eben. Unweigerlich führt er über Umwege oder in Sackgassen hinein. Aber bedenken Sie, dass Sie – wenn Sie ihn gehen – niemals allein sind. Die Gemeinschaft der Erleuchteten und Ihre Führer aus der geistigen Welt sind immer bei Ihnen, um Sie zu begleiten und Ihnen Mut zu machen.

Sie sind hier auf Erden, um Gott in all Ihren Taten manifest werden zu lassen. Oft mag es Ihnen leichter erscheinen, den Begierden des niederen Selbst zu folgen, aber üben Sie Geduld! Lassen Sie sich nicht von der Woge des Massenbewusstseins fortreißen. Suchen Sie nach der Wahrheit, auch wenn andere immer wieder versuchen, Sie gedanklich und gefühlsmäßig in die Irre zu leiten. Verraten Sie nie Ihre spirituellen Ideale, denn das würde Sie in Ihrem Fortschritt behindern.

Vergessen Sie nie, dass Sie ein Kind Gottes sind – jetzt und in alle Ewigkeit.

Und vor allem: Folgen Sie der Stimme Ihres Herzens und bleiben Sie sich selbst treu. Leben Sie nie das Leben eines anderen. Sie müssen sich Ihren eigenen Weg suchen. Denken Sie daran, dass es in Ihrer Verantwortung liegt, das Bestmögliche aus sich zu machen. Öffnen Sie darum Herz und Verstand für die höheren Aspekte Ihres Seins. Sie sind das Licht. Mögen Sie auf Ihrer Reise vom Geist erfüllt sein.

Nutzen Sie Ihr spirituelles Bewusstsein, um andere Menschen zu ermutigen und zu trösten. Indem wir anderen den Rücken stärken, ihnen zu Erkenntnissen verhelfen und ihnen unsere Liebe schenken, helfen wir ihnen, sich aus den Fesseln ihrer Illusionen, Urteile und falschen Vorstellungen zu befreien. Damit legen wir ihnen die Schlüssel zu ihrem eigenen herrlichen inneren Licht in die Hand.

Lassen Sie Ihr Licht bis ans andere Ende der Welt scheinen, damit alle es sehen können. Gelingt Ihnen dies, hat sich Ihre irdische Reise gelohnt. Dann können Sie in der Gewissheit in den Himmel zurückkehren, dass Sie Ihren Teil dazu beigetragen haben, Gottes Energie auf die Erde zu bringen. Und Sie werden wissen, dass Sie – eine einzige Seele – die Welt ein Stück lebenswerter gemacht haben.

Danksagung

Nie hätte dieses Buch ohne die Unterstützung, Inspiration und harte Arbeit der folgenden wohlmeinenden Seelen entstehen können, die sich so unermüdlich eingebracht haben, um mir zu helfen, Helligkeit ins Dunkel zu bringen und diese Seiten mit dem goldenen Licht des Himmels zu erfüllen.

Es ist als Antwort gedacht für die Tausenden von Menschen aus aller Welt, die mir geschrieben haben, um mich in meiner Arbeit zu bestärken oder mir von ihrem Leid zu erzählen. Ich hoffe, dass diese Seiten Sie innerlich aufrichten werden. Mögen auch Sie Trost und Unterstützung in der Gewissheit finden, dass wir alle Geist sind und der Geist niemals stirbt. Mögen sich alle Ihre Ängste und Enttäuschungen in Mut und Stärke verwandeln.

Mein Dank gilt den Menschen, deren Geschichten in diesem Buch wiedergegeben sind und die uns auf diese Weise an berührenden Momenten ihres Lebens teilhaben lassen. Ich wünsche mir, dass durch die hier verewigten Erfahrungen von Trauer und Leid andere Menschen von den gleichen heilenden Kräften des Geistes berührt werden mögen.

Ganz besonders verbunden bin ich …

Linda Carwin Tomchin – die meinen Worten im wahrsten Sinne Flügel verliehen hat und die mir die Tinte zum Schreiben gab. Ich danke dem Himmel, dass er mir einen so gelehrten Engel gesandt hat.

Brian Preston – deine Liebe, Unterstützung und Geduld haben mein Leben bereichert und mich vieles über das Teilen gelehrt. Ich danke dir dafür, dass du allzeit mit einem aufmunternden Lächeln, einer hilfreichen Hand und einem freundlichen Wort zur Stelle warst.

Brian L. Weiss – dessen Freundschaft und Unterstützung mich über die Leben hinweg begleitet haben. Ich danke dir, dass du mir den Rücken gestärkt hast, die Wahrheit zu lehren, und mich nicht von jenen beirren zu lassen, die Unwissenheit und Angst vorschützen, um sie zu verleugnen. Ich freue mich darauf, bei unserem nächsten Achtuhrdreißig-Frühstück mit dir die Irrungen und Wirrungen der menschlichen Existenz zu ergründen.

Michael J. Tamura – ich danke dir, dass du beim Feilen an diesem Buch immer wieder Lücken geschlossen hast. Du bist eine echte Inspiration!

Joseph Skeehan – ich weiß deine Freundschaft, deine Ehrlichkeit und dein Vertrauen zu schätzen. Ich danke dir dafür, dass du an meine Mission geglaubt hast und mich auf meiner langen verworrenen Reise in die himmlischen Gefilde begleitet hast.

Ron Oyer – da draußen wartet die große, weite Welt ... Ich danke dir dafür, dass du so vielen Menschen ihre Schönheit und Großartigkeit nahe gebracht hast. Die herrlichen Orte, an die du uns geführt hast, sind ebenso heilig wie du.

Scott Schwimmer – ich werde nie vergessen, wie du mich mit geheimnisvollem Blick begleitet hast. Deine Ehrlichkeit, Loyalität und Freundschaft sind für mich ein wertvoller Schatz.

Mein Dank gilt Suzanne, Karen, Carol, Jennifer, Helen, Bob und allen anderen ICM-Mitarbeitern. Ich danke euch dafür, dass ihr euch mit großer Professionalität um jedes kleinste Detail gekümmert habt.

Ich danke Phyllis, Nicole und dem ganzen PR-Team – niemand arbeitet so hart wie ihr! Euer Engagement, eure Freundschaft und euer Lachen sind für mich ein Quell der Freude.

Den Menschen bei meinem Verlag Dutton danke ich für die Chance, so viele Leser mit meiner Botschaft ansprechen zu können. Das hat mich auf eine Weise bereichert, die nicht mit irdischen Maßstäben zu messen ist.

Und ich danke all meinen wahren Freunden, die mir zur Seite standen und deren einziger Lohn meine Freundschaft war. Ich danke euch dafür, dass ihr euch in eurer Wahrnehmung nicht vom gleißenden Licht habt blenden lassen und den Mut und die Kraft hattet, den nächsten Schritt nach oben zu tun.

Literaturhinweise

Bendit, L. J. *The Etheric Body of Man: The Bridge of Consciousness.* Wheaton, Ill.: Theosophical Publishing House, 1982.

Besant, Annie. »Die siebenfältige Natur des Menschen, Adyar, Satteldorf: Adyar, 1983.

Edwards, Harry. *Geistheilung.* Hermann Bauer, Freiburg, 1983.

Goldsmith, Joel S. *Ein Leben zwischen den Welten.* Angebühl: Heinrich Schwab, 1975.

Guiley, Rosemary Ellen. *Harper's Encyclopedia of Mystical and Paranormal Experiences.* New York: HarperCollins, 1991.

Angeles: Philosophical Research Society, 1946.

Hampton, Charles. *The Transition Called Death.* Wheaton, Ill.: Theosophical Publishing House, 1982.

Kardac, Allen. *Book on Mediums.* Boston: Colby and Rich, 1874.

Lewis, James R. *Encyclopedia of Afterlife Beliefs and Phenomena.* Detroit: Gale Research, 1994.

Montgomery, Ruth. *A World Beyond.* Greenwich, Conn.: Fawcett, 1971.

Perkins, James S. *Through Death to Rebirth.* Wheaton, Ill.: Theosophical Publishing House, 1982.

Riland, George. *The New Steinerbooks Dictionary of the Paranormal.* New York: Rudolf Steiner Publications, 1980.

Wambach, Helen. *Life Before Life.* New York: Bantam, 1979.

Weiss, Brian L. *Die zahlreichen Leben der Seele,* München: Goldmann, 1994.

White Eagle. *Spiritual Unfoldment 3: The Way to Inner Mysteries.* Great Britain: White Eagle Publishing Trust, 1987.

Whitton, Joel L., und Fisher, Joe. *Das Leben zwischen den Leben*, München: Goldmann, 1990.

Zubko, Andy. *Treasury of Spiritual Wisdom.* San Diego: Blue Dove, 1996.

Kontaktadresse

Weitere Informationen über James Van Praagh
finden Sie auf der Internetseite

www.VanPraagh.com

Schriftliche Anfragen richten Sie bitte an:

Spiritual Horizons, Inc.
P.O. Box 60517
Pasadena, California 91116
USA

ARKANA
GOLDMANN

Jenseits-Botschaften

Sylvia Browne
Die Geisterwelt ist nicht verschlossen   21567

James van Praagh
Und der Himmel tat sich auf.
Jenseits-Botschaften   21569

Sylvia Browne
Jenseits-Leben   21603

Joel Rothschild
Signale   21575

Goldmann • Der Taschenbuch-Verlag

ARKANA
GOLDMANN

Varda Hasselmann und Frank Schmolke
Durchsagen aus der kausalen Welt

Archetypen der Seele	21516	Wege der Seele	21625
Die Seelenfamilie	21529	Welten der Seele	12196

Goldmann • Der Taschenbuch-Verlag

Das aktuelle Standardwerk von Deutschlands Tarot-Spezialisten Nr. 1

Hajo Banzhaf
Das Tarotbuch
ISBN 3-442-33646-5
208 Seiten, vierfarbig, gebunden

ARKANA
GOLDMANN

GANZHEITLICH HEILEN
GOLDMANN

Die Kunst des Wohnens

Meyer/Sator,
Besser leben mit Feng Shui 14193

Ulrike Ascher,
Wohnen mit Magie 14225

Terah Kathryn Collins,
Feng Shui im Westen 14152

Terah Kathryn Collins, Feng Shui
Raum für Raum 14212

Goldmann • Der Taschenbuch-Verlag

ARKANA
GOLDMANN

Worum es im Leben geht

Marc Gafni
Seelenmuster 21606

Dietmar Bittrich/Christian Salvesen
Die Erleuchteten kommen 21612

Klaus Füsser/Inga Hölzer
Das schlaue Buch 21614

Sabrina Fox, Auf der Suche nach
Wahrheit 21616

Goldmann • Der Taschenbuch-Verlag

GOLDMANN

*Das Gesamtverzeichnis aller lieferbaren Titel erhalten Sie
im Buchhandel oder direkt beim Verlag.
Nähere Informationen über unser Programm erhalten Sie auch im Internet unter:*
www.goldmann-verlag.de

★

Taschenbuch-Bestseller zu Taschenbuchpreisen
– Monat für Monat interessante und fesselnde Titel –

★

Literatur deutschsprachiger und internationaler Autoren

★

Unterhaltung, Kriminalromane, Thriller
und Historische Romane

★

Aktuelle Sachbücher, Ratgeber, Handbücher und
Nachschlagewerke

★

Bücher zu Politik, Gesellschaft, Naturwissenschaft und Umwelt

★

Das Neueste aus den Bereichen
Esoterik, Persönliches Wachstum und Ganzheitliches Heilen

★

Klassiker mit Anmerkungen, Anthologien und Lesebücher

★

Kalender und Popbiographien

★

Die ganze Welt des Taschenbuchs

★

Goldmann Verlag • Neumarkter Str. 18 • 81673 München

Bitte senden Sie mir das neue kostenlose Gesamtverzeichnis

Name: _____

Straße: _____

PLZ / Ort: _____